VISUAL

日経文庫　ビジュアル

働き方改革

岡崎淳一
OKAZAKI JUNICHI

日本経済新聞出版社

まえがき

　平成28（2016）年9月、働き方改革実現会議が発足しました。安倍晋三総理が議長となり、労使団体のトップが参加して、真摯な議論が行われ、翌年3月、「働き方改革実行計画」が取りまとめられました。

　この計画を受けて、8本の法律を一括して改正する「働き方改革法案」が国会に提出され、平成30年6月に成立、翌31年4月から段階的に施行されていきます。

　この改正によって、労働基準法制定以来70年を経て、初めて、時間外労働に法的上限が設けられたほか、高度プロフェッショナル制度の導入、年休を最低5日取得させることの義務付けなどの大きな改正が行われました。

　また、非正規労働者に関して、パートタイム労働法などの改正によって、同一労働同一賃金の原則が法定化され、指針の策定や説明義務の創設によって、「非正規」という言葉を一掃することを目指した制度が整備されました。

　これらの法改正の内容を十分理解して、各企業でも、非正規労働者を含めて労使間で十分に話し合い、法令に違反しないよう、適切な制度見直しが必要になります。

働き方改革は、今回法改正が行われた部分に限定されるものではありません。働き方はもとより、日本の企業文化、日本人のライフスタイル、日本の働くということに対する考え方をトータルに本格的に改革しようとするものです。

　労働政策の面でも、法改正事項に限らず、第6章で取り上げた、女性・若者・高齢者・障害者などの活躍、テレワーク、兼業・副業、転職・再就職、ハラスメント防止などさまざまな課題があります。

　また、例えば、長時間労働をなくすには、単に残業縮減を呼び掛けただけでは、実効は上がりません。働き方を見直すにあたっては、必要に応じて、ビジネスモデルや業界慣行などを含めた総合的な対応が必要となります。

　働く人の視点に立って、働き方改革を実現するために、本書が少しでも参考になれば幸いです。

2019年4月

岡崎淳一

ビジュアル 働き方改革

目 次

第1章 なぜ働き方改革が必要なのか

1 一億総活躍社会のための「働き方改革」 ……… 10
2 働き方改革実現会議 ……… 12
3 働き方改革実行計画の概要 ……… 14
4 労働政策総合推進法 ……… 18
Coffee Break ❶ 段階的に施行される働き方改革 ……… 20

第2章 労働時間の上限規制

5 日本人の労働時間 ……… 22
6 時間外労働の法的上限の導入 ……… 24
7 1カ月45時間、1年360時間以内
　──時間外労働の原則 ……… 26
8 時間外労働の特別条項──臨時の必要がある場合 ……… 28
9 労働時間の法的上限の適用が除外、
　猶予される業務 ……… 30
10 36協定の締結・届出 ……… 34
11 割増賃金 ……… 36
12 労働時間を把握する方法 ……… 38
13 勤務間インターバルの確保 ……… 40
14 長時間労働をなくすために ……… 42
チェックリスト❶ 36協定に関するチェックポイント ……… 44
チェックリスト❷ 36協定等を締結する労働者代表に関する

チェックポイント ……………………………………… 56
Coffee Break ❷ 労働基準法の違反で科される刑事罰は？ … 58

第3章 柔軟な労働時間制度

15 柔軟な労働時間制度 ……………………………… 60
16 高度プロフェッショナル制度① ………………… 62
17 高度プロフェッショナル制度② ………………… 64
18 高度プロフェッショナル制度③ ………………… 66
19 裁量労働制度① …………………………………… 68
20 裁量労働制度② …………………………………… 70
21 フレックスタイム制 ……………………………… 72
22 1年単位の変形労働時間制 ……………………… 74
チェックリスト❸ 高度プロフェッショナル制度検討のための
　　　　　　　　チェックポイント …………………………… 76
チェックリスト❹ 裁量労働制に関するチェックポイント ……… 82
チェックリスト❺ 企画業務型裁量労働制・高度プロフェッショナル
　　　　　　　　制度等の労使委員会チェックポイント ……… 94
Coffee Break ❸ 柔軟な労働時間制度で起こりうる法違反 … 96

第4章 年次有給休暇の制度、労働者の健康確保

23 年次有給休暇の現状と課題 ……………………… 98
24 年休制度 …………………………………………… 100
25 年休を取得させる義務 …………………………… 102
26 年休取得促進のために …………………………… 104
27 労働者の健康状況 ………………………………… 106
28 産業保健体制の充実 ……………………………… 108

29	長時間労働者の健康確保	110
30	労働者の健康確保のための措置	112
31	健康情報の適正管理	114
32	治療と仕事の両立支援	116

Coffee Break ❹ モーレツ社員は自慢にならない 118

第5章 同一労働同一賃金の実現

33	非正規労働者の状況	120
34	非正規雇用対策の強化	122
35	「通常の労働者と同視される非正規労働者」の均等待遇	124
36	「通常の労働者と同視される労働者」以外の非正規労働者	126
37	ガイドラインによる処遇差の検討	128
38	正規と非正規の基本給	132
39	正規と非正規の賞与・役職手当など	134
40	正規と非正規の通勤や食事などの手当	136
41	正規と非正規の福利厚生・教育訓練等	138
42	派遣労働者の処遇①（派遣先との均等・均衡方式）	140
43	派遣労働者の処遇②（労使協定による一定水準を満たす待遇決定方式）	142
44	派遣を受ける企業に必要な対応	144
45	非正規労働者への労働条件の明示	146
46	雇用管理改善に関する事項の説明	148
47	正規と非正規の待遇差の内容・理由の説明義務	150
48	均等・均衡な処遇の履行確保措置	152

**チェックリスト❺ パート・有期雇用の同一労働同一賃金の
チェックポイント** …… 154

第6章 新しい「働き方」を実現する

49 賃金の引き上げ …… 162
50 テレワークの普及促進 …… 164
51 兼業・副業の普及 …… 166
52 女性の活躍促進 …… 168
53 子育て・介護と仕事の両立 …… 172
54 ハラスメント防止 …… 176
55 若者の活躍促進 …… 178
56 高齢者の就業促進 …… 180
57 障害者の活躍促進 …… 182
58 転職・再就職支援 …… 186
59 教育訓練・能力評価 …… 188
60 外国人材の受け入れ …… 190

第 1 章

なぜ働き方改革が必要なのか

1 一億総活躍社会のための「働き方改革」

▶ ニッポン一億総活躍プラン

　安倍晋三総理大臣は、平成27（2015）年10月、一億総活躍のため、「GDP（国内総生産）600兆円」「希望出生率1.8」「介護離職ゼロ」の3大目標に向かい、新しい3本の矢を放つと表明。総理が議長、関係閣僚と有識者を構成員とする「一億総活躍国民会議」が設置されました。

　会議は、8回の会合やさまざまな意見交換会等を経て、一億総活躍プラン案をまとめ、これをもとに平成28年6月、「ニッポン一億総活躍プラン」が閣議決定されました。

▶ 働き方改革の3つの大きな課題

　このプランは、希望を生み出す強い経済、夢をつむぐ子育て支援、安心につながる社会保障の新たな3本の矢を打ち出し、「強い経済」実現への取り組みによる成長の果実で、子育て支援、社会保障の基盤強化を実現するとしています。一億総活躍社会に向けた横断的課題として「働き方改革」が必要で、「多様な働き方が可能となるよう、社会の発想や制度を大きく転換しなければならない」としています。

　働き方改革について、「同一労働同一賃金の実現など非正規雇用の待遇改善」「長時間労働の是正」「高齢者の就労促進」の3つの政策課題を掲げ、今後の政策の方向を提示しているのです。

新・3本の矢と働き方改革(ニッポン一億総活躍プラン)

— 新・3本の矢の目標 —

- GDP 600兆円
- 希望出生率 1.8
- 介護離職ゼロ

働き方改革により 3つの目標を実現

◆同一労働同一賃金の実現など非正規雇用の待遇改善
- 同一労働同一賃金の実現のため
  - ガイドラインの策定
  - 労働契約法、パートタイム労働法、労働者派遣法の一括改正等を検討
- 正規労働者と非正規雇用労働者の賃金差について、欧州諸国に遜色のない水準を目指す
- 最低賃金については、年率3%程度を目途として引き上げ、全国加重平均が1000円となることを目指す
- 生産性向上による賃上げ

◆長時間労働の是正
- 法規制の執行強化
- 労基法改正案の早期成立
- いわゆる36(サブロク)協定における時間外労働規制の在り方についての再検討
- 時間外労働時間について欧州諸国に遜色ない水準を目指す

◆高齢者の就労促進
- 65歳以降の継続雇用や65歳までの定年延長を行う企業等に対する支援、企業への働きかけ
- 優良事例の横展開
- 改正雇用保険法の施行
- 企業における再就職受入支援や高齢者の就労マッチングの強化

2 働き方改革実現会議

▶ 山積する課題の解決にチャレンジ

　安倍総理は、平成28（2016）年8月、一億総活躍社会実現のための最大のチャレンジは、「働き方改革」であり、長時間労働の是正、同一労働同一賃金の実現による「非正規」という言葉の一掃、最低賃金の引き上げ、高齢者への就労機会の提供など、山積する課題に立ち向かうと宣言しました。「働き方改革実現会議」で具体的な実行計画を取りまとめ、スピード感をもって実行していくと表明しました。

　この総理発言を受けて、翌月には働き方改革実現会議が発足。議長は安倍総理自身が務め、加藤勝信一億総活躍担当大臣と塩崎恭久厚生労働大臣が共同議長代理となり、関係閣僚、産業界、労働界のトップ、有識者が構成員となりました（右ページ参照）。

▶ 法案成立までの道のり

　働き方改革実現会議では、第1回会議で委員の意見を踏まえて9つのテーマを設定し、その後7回にわたってテーマごとに議論を行いました。また総理は、パート・有期労働者、転職経験者、リカレント教育修了者、テレワーク利用者、副業している人などと意見交換会を実施し、実現会議の議論に活かしました。

　そして、平成29年3月17日の第9回会議で報告書骨子案

を示した上で、各構成員から報告書取りまとめに向けた意見が表明され、それらを踏まえたかたちで3月28日の第10回会議において「働き方改革実行計画」が決定されました（内容・構成は次項目参照）。

　この実行計画を踏まえて、労働政策審議会での検討が行われたうえで、働き方改革一括法案が平成30年4月6日に閣議決定され、国会に提出されました。そして同法案は、同年6月29日に成立しました。

働き方改革実現会議

議　　　長	安倍晋三（内閣総理大臣）
議長代理	加藤勝信（働き方改革担当大臣）、塩崎恭久（厚生労働大臣）
構 成 員	麻生太郎（副総理 兼 財務大臣）、菅　義偉（内閣官房長官）
	石原伸晃（経済再生担当大臣）、松野博一（文部科学大臣）
	世耕弘成（経済産業大臣）、石井啓一（国土交通大臣）
（有識者）	生稲晃子（女優）
	岩村正彦（東京大学大学院法学政治学研究科教授）
	大村功作（全国中小企業団体中央会会長）
	岡崎瑞穂（株式会社オーザック専務取締役）
	金丸恭文（フューチャー代表取締役会長兼社長グループCEO）
	神津里季生（日本労働組合総連合会会長）
	榊原定征（日本経済団体連合会会長）
	白河桃子（相模女子大学客員教授、少子化ジャーナリスト）
	新屋和代（りそなホールディングス執行役 人材サービス部長）
	高橋　進（日本総合研究所理事長）
	武田洋子（三菱総合研究所政策・経済研究センター副センター長チーフエコノミスト）
	田中弘樹（株式会社イトーヨーカ堂 執行役員人事部長）
	樋口美雄（慶應義塾大学商学部教授）
	水町勇一郎（東京大学社会科学研究所教授）
	三村明夫（日本商工会議所会頭）

※肩書き等は会議発足時のもの

3 働き方改革実行計画の概要

▶ どんなテーマに、どう取り組むのか

　働き方改革実行計画は、第1章で、働く人の視点に立った労働制度改革の意義を明らかにしています。

　第2章以下で、「同一労働同一賃金など非正規雇用の処遇改善」「賃金引上げと労働生産性向上」「罰則付き時間外労働の上限規制の導入など長時間労働の是正」「柔軟な働き方がしやすい環境整備」「女性・若者の人材育成など活躍しやすい環境整備」「病気の治療と仕事の両立」「子育て・介護等と仕事の両立、障害者の就労」「雇用吸収力、付加価値の高い産業への転職・再就職支援」「誰にでもチャンスのある教育環境の整備」「高齢者の就業促進」「外国人材の受入れ」について、それぞれ具体的に提言しています。

▶ 10年先を見すえたロードマップ

　また、実行計画では、最後に10年先の未来を見すえたロードマップを提示しています。

　働き方改革実行計画は、今後の働き方や働き方に関する政策のあり方を示したものです。その中には、ただちに法改正を行うとしたもののほか、法改正を検討するとしたもの、ガイドラインの策定、各種支援措置などによって進めていくとしたもの、各企業の労使で議論すべきとしたものなどが含まれています。

働き方改革の意義　～働き方改革実行計画より～

- 「働き方」は「暮らし方」そのものであり、働き方改革は、日本の企業文化、日本人のライフスタイル、日本の働くということに対する考え方そのものに手を付けていく改革。

- 働く人の視点に立って、労働制度の抜本改革を行い、企業文化や風土を変えることを目指す。
  - ➡ 働く人一人ひとりが、より良い将来の展望を持ち、多様な働き方が可能な中において、自分の未来を自ら創っていくことができる社会を創る。

- 長時間労働は、健康の確保だけでなく、仕事と家庭生活の両立を困難にし、少子化の原因や、女性のキャリア形成を阻む原因、男性の家庭参加を阻む原因。
  - ➡ 長時間労働を是正すれば、ワーク・ライフ・バランスが改善し、女性や高齢者も仕事に就きやすくなり、労働参加率の向上に結びつく。

- 働き方改革は労働生産性向上の手段。

- 正規と非正規の理由なき格差をなくす。
  - ➡ 非正規労働者は能力が公正に評価されていると納得感を持ち、働くモチベーションが高まる。
  - ➡ 職務の明確化と公正な評価は働くモチベーションを高めるために重要。

- 長時間労働の是正は、経営者が単位時間（マンアワー）当たりの労働生産性向上に取り組む契機となる。

- 転職が不利にならない柔軟な労働市場や企業慣行。
  - ➡ 労働者が自分に合った働き方を選択して自らキャリアを設計。
  - ➡ 付加価値の高い産業への転職・再就職を通じて国全体の生産性の向上。

- 生産性向上の成果を働く人に分配。
  - ➡ 賃金の上昇、需要の拡大により、「成長と分配の好循環」が構築。

働き方改革実行計画の構成

1. 働く人の視点に立った働き方改革の意義
(1) 経済社会の現状
(2) 今後の取組の基本的考え方
(3) 本プランの実行
  (コンセンサスに基づくスピードと実行)
  (ロードマップに基づく長期的かつ継続的な取組)
  (フォローアップと施策の見直し)

2. 同一労働同一賃金など非正規雇用の処遇改善
(1) 同一労働同一賃金の実効性を確保する法制度とガイドラインの整備
(基本的考え方)
(同一労働同一賃金のガイドライン)
  ① 基本給の均等・均衡待遇の確保
  ② 各種手当の均等・均衡待遇の確保
  ③ 福利厚生や教育訓練の均等・均衡待遇の確保
  ④ 派遣労働者の取扱
(法改正の方向性)
  ① 労働者が司法判断を求める際の根拠となる規定の整備
  ② 労働者に対する待遇に関する説明の義務化
  ③ 行政による裁判外紛争解決手続の整備
  ④ 派遣労働者に関する法整備
(2) 法改正の施行に当たって

3. 賃金引上げと労働生産性向上
(1) 企業への賃上げの働きかけや取引条件の改善
(2) 生産性向上支援など賃上げしやすい環境の整備

4. 罰則付き時間外労働の上限規制の導入など長時間労働の是正
(基本的考え方)
(法改正の方向性)
(時間外労働の上限規制)
(パワーハラスメント対策、メンタルヘルス対策)
(勤務間インターバル制度)
(法施行までの準備期間の確保)
(見直し)
(現行制度の適用除外等の取扱)

（事前に予測できない災害その他事項の取扱）
　　　（取引条件改善など業種ごとの取組の推進）
　　　（企業本社への監督指導等の強化）
　　　（意欲と能力ある労働者の自己実現の支援）

5. **柔軟な働き方がしやすい環境整備**
   (1) 雇用型テレワークのガイドライン刷新と導入支援
   (2) 非雇用型テレワークのガイドライン刷新と働き手への支援
   (3) 副業・兼業の推進に向けたガイドラインや改定版モデル就業規則の策定

6. **女性・若者の人材育成など活躍しやすい環境整備**
   (1) 女性のリカレント教育など個人の学び直しへの支援などの充実
   (2) 多様な女性活躍の推進
   (3) 就職氷河期世代や若者の活躍に向けた支援・環境整備

7. **病気の治療と仕事の両立**
   (1) 会社の意識改革と受入れ体制の整備
   (2) トライアングル型支援などの推進
   (3) 労働者の健康確保のための産業医・産業保健機能の強化

8. **子育て・介護等と仕事の両立、障害者の就労**
   (1) 子育て・介護と仕事の両立支援策の充実・活用促進
   　　（男性の育児・介護等への参加促進）
   (2) 障害者等の希望や能力を活かした就労支援の推進

9. **雇用吸収力、付加価値の高い産業への転職・再就職支援**
   (1) 転職者の受入れ企業支援や転職者採用の拡大のための指針策定
   (2) 転職・再就職の拡大に向けた職業能力・職場情報の見える化

10. **誰にでもチャンスのある教育環境の整備**

11. **高齢者の就業促進**

12. **外国人材の受入れ**

13. **10年先の未来を見据えたロードマップ**
    　（時間軸と指標を持った対応策の提示）
    　（他の政府計画との連携）

4 労働政策総合推進法

▶ 長期的で、継続的に改革を進めるために

　働き方改革は、仕事の価値観、生活観、企業文化などに関わるため、すぐには実現しません。そのため実行計画は、勢いをそぐことなく、長期的、継続的に改革していく必要があるため、「働き方改革の基本的な考え方と進め方を示し、その改革実現の道筋を確実にするため」、法制面を含め、さまざまな政策手段を検討する、としています。

　これを受けて、労働政策審議会で検討を行った結果、これまでの雇用対策法を改正して、労働施策の総合的な推進を図るための法律（労働政策総合推進法）を新たに制定することになりました。

▶ 新しく定められた基本指針

　労働政策総合推進法では、「職務内容、能力等の明確化と公正な評価、その評価に基づく処遇の確保」が基本理念に明記されました。同一労働同一賃金を進める前提として重要なため、追加されたのです。

　また国の施策について、「労働時間の短縮、均衡待遇の確保に関する施策、病気の治療と仕事の両立に関する施策」が新たに追加されました。労働政策全体に関する施策を提示する規定に改正し、今後の働き方改革を進めていく基本的な方向性を示すことにしたものです。

さらに、労働施策の総合的な推進に関する、新たな基本指針が、平成30（2018）年12月28日に閣議決定されました。これは働き方改革実行計画を踏まえたものとなっています。

労働政策推進法のポイント

雇用対策法 → 労働政策推進法
労働施策の総合的な推進並びに労働者の雇用の安定及び職業生活の充実等に関する法律

基本的理念に追加
- 職務の内容、職務に必要な能力等の明確化、能力等の公正な評価、評価に基づく公正な処遇の確保が必要であること

国の施策に追加
- 労働時間短縮など労働条件の改善、多様な就業形態の普及、雇用形態等が異なる労働者間の均等な待遇の確保
- 治療と職業生活の両立、病気により離職した労働者の再就職支援

事業主の責務に追加
- 労働時間の短縮など労働条件を改善し、仕事と生活の調和が保たれ、意欲と能力に応じて働ける環境の整備

労働政策基本方針の策定・公表
- 都道府県知事の意見、労働政策審議会の意見を聞いたうえで、閣議決定・公表

働き方改革の理念・施策の方向性を示す

段階的に施行される働き方改革

　働き方改革法は、段階的に施行されますが、中小企業については、一部規定について施行時期が猶予されています。

　中小企業とは、基本的には、従業員300人以下、または資本金3億円以下の企業ですが、卸売業は100人以下または1億円以下、サービス業は100人以下または5000万円以下、小売業は50人以下または5000万円以下です。

　平成31（2019）年4月から施行されているのは、年休の最低5日付与、高度プロフェッショナル制度、産業医の権限強化、勤務間インターバルの努力義務などと、大企業の時間外労働法的上限です。

　令和2（2020）年4月には、中小企業の時間外労働法的上限と大企業の同一労働同一賃金が施行されます。そして、中小企業の同一労働同一賃金は令和3年4月、中小企業の割増賃金引き上げは、令和5年4月に施行されます。

　また、自動車運転業務、建設事業、医師の時間外労働法的上限は、令和6年4月から、段階的に進められます。

第 2 章

労働時間の上限規制

5 日本人の労働時間

▶ 働きすぎている日本人

　日本における総実労働時間は、平成29（2017）年は1706時間。平成8年に1900時間を切って以来、全労働者平均では着実に減少していますが、一般の労働者の総実労働時間は、リーマンショック後を除き、一貫して2000時間を超えています。

　日本の総実労働時間は1713時間で、アメリカの1783時間よりは短いものの、欧州諸国に比べるとかなり長く、週49時間以上の人は、日本は約20％、アメリカ16％、イギリス12％、ドイツ9％、フランス10％です。週60時間以上働く人は労働者全体では7.7％ですが、30代男性は17.6％と高く、日本は総実労働時間が長く、長時間労働する人の割合も高いのが現状です。

▶ 長時間労働の是正は喫緊の課題

　いわゆる「過労死」の労災認定件数は毎年約200件です。脳・心臓疾患に係る労災支給決定件数は平成14年度以降、200件台後半～300件台、精神障害に係る労災は増勢で、平成24年度以降400件台で推移しています。この状況の下で、労働者の健康の確保、過労死の防止、ワークライフバランスの確保、女性や高齢者の活躍など、さまざまな観点から、長時間労働の是正は喫緊の課題です。

長時間労働の是正

労働時間の現状

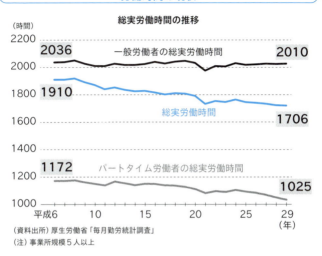

総実労働時間の推移

（資料出所）厚生労働省「毎月勤労統計調査」
（注）事業所規模5人以上

総実労働時間（国際比較）

（資料出所）労働政策研究・研修機構「データブック国際労働比較2018」

6 時間外労働の法的上限の導入

▶ 限度基準がなかった従来の制度

　労働基準法は、法定労働時間1日8時間、1週40時間と定めています。それを超えて働かせる場合、労働者の過半数で組織する労働組合、または労働者の過半数の代表者と労使協定（36協定）を締結し、法定労働時間を超えた労働時間の上限を定めることとされています。

　これまで、時間外労働に関する法的上限は設定されず、長時間労働抑制のため、労使が36協定を締結する際に考慮すべきものとして、厚生労働大臣が時間外労働の限度基準告示を定めていました。限度基準告示では、1カ月45時間、3カ月120時間、1年360時間などの基準を示していますが、臨時的必要がある事業場においては、基準を超える時間を上限とする特別条項付きの協定を締結できることとし、その場合の限度基準は定めていませんでした。

▶ 70年ぶりに制定された法的上限

　働き方改革による改正で、労働基準法の制定以来70年ぶりに法的上限を設け、特別条項を利用する場合の上限も定めることになりました。

　労基法は罰則付きの法律ですから、法的上限などに違反した場合、刑事罰の適用があります。本書の以降で説明する法律の内容を理解し、遵守することが求められます。

労働時間の原則と時間外・休日労働

- 労働基準法に定める労働時間・休日の基本は、1日8時間、1週40時間、週休制。

- 法定労働時間を超えて、あるいは法定休日に働かせる場合には、労使協定（36協定）の締結・届出、割増賃金の支払いが必要。

> これまで、36協定で定める時間外労働の上限について、法的な上限は定められていなかった。
> ＊厚生労働大臣告示（限度基準告示）により、1カ月45時間、1年360時間等の基準が示されていたが、法的効力はなかった。
> ＊限度基準告示には特別条項の場合の上限基準は示されていなかった。

労働基準法改正により
法的上限を設定

労働基準法に法的上限が設けられたのは、とても画期的です

7 1カ月45時間、1年360時間以内 ——時間外労働の原則

▶ 認められない働かせ方

　時間外労働の法的上限は、月45時間、年360時間です。労働基準法で定める要件に該当しなければ、特別条項は締結できませんから、これが基本となります。

　これまでの限度基準告示では、1日を超える一定の期間について、必ずしも1カ月でなく、1週、3カ月などの期間でも定められました。

　今回の法改正では、1カ月45時間を上限として規定したので、これまでは認められていた、例えば「1週15時間以内であっても、それが4週連続して1カ月60時間になる」「3カ月で120時間以内でも、ある月に偏って月60時間になる」といった働かせ方はできないことになりました。

▶ 残業はあくまで「例外」と考える

　各事業場の労使は、個別の部署や業務において法律で定める臨時的に特別な必要がある場合を除き、月45時間、年360時間以内で36協定を締結することが義務づけられます。仮に、これを超える協定を締結した場合には、その36協定自体が無効となるので、法定上限以内の時間外労働が行われた場合でも法違反となります。

　1カ月45時間、1年360時間は法律で定めた最長の上限時間なので、それぞれの労使は、事業場の実情を踏まえて、

必要な部署について、それぞれ必要な範囲で上限を設定すべきです。

また、これまで36協定でこれらの時間より短い上限を設定していた企業で法的上限が定められたことを理由に、上限まで延長することは今回の改正の趣旨に反します。残業はあくまで「例外」だと認識しなければなりません。

なお、36協定では、時間外労働と休日労働は、区別して締結しなければならず、月45時間、年360時間は、休日労働を含まない、時間外労働の法的上限です。

時間外労働の法的上限 （原則）

- **法的上限として、1カ月45時間、1年360時間以内が定められた。**
    - ＊3カ月を超える変形労働時間制の場合は、1カ月42時間、1年320時間以内
- **36協定でこれを超える時間を定めた場合、36協定そのものが無効になる。**
    - ➡ 時間外労働は1カ月45時間の範囲内でもできなくなる。

留意事項

- **時間外労働の上限なので、法定休日労働は含まない。**
    - ○ 法定休日に働かせる場合には、36協定で休日労働について定めることが必要。
    - ○ 土・日が休日の事業場で土曜日に働かせる場合は、時間外労働になる。
        - ➡ 他の日の時間外労働と合わせて1カ月45時間の範囲内であること。
- **36協定では、1日、1カ月、1年の3つの期間の上限を定めることが必要。**
    - ＊これまで限度基準告示では、1カ月45時間のほか、1週15時間、3カ月120時間などを認めていたが、1カ月の上限に代えてこれらを定めることはできない（併用は可能）
- **あくまで法律で認められる最長の時間。事業場の実情を踏まえ、労使で話し合い、必要最小限にすることが求められる。**

8 時間外労働の特別条項
——臨時の必要がある場合

▶ 年間の上限は720時間

臨時の必要がある特別な場合には、特別条項付きの36協定を締結することにより、月45時間、年360時間を超えることを認めており、その場合の年の上限は720時間です。

これが認められるのは、臨時の必要がある特別な場合で、特定の部門・業務がある場合に限られます。具体的には、予算・決算の業務、ボーナス商戦にともなう繁忙、納期のひっ迫、大規模クレームへの対応、機械トラブルへの対応などです。

36協定において特別条項の対象となる具体的な事由を定める必要があり、単に、「業務の都合上必要なとき」「業務上やむを得ないとき」などと定めることは許されません。

▶ 特別条項は「例外中の例外」と認識する

労働基準法では、特別条項で月45時間を超えられるのは6回までとなっています。それを超えて忙しい時期がある場合は、人員体制や業務の見直しで対応しなければなりません。つまり年間を通して忙しい部門・業務は、時間外労働で対応することはできません。

また、労働者の健康確保のため、単月及び2〜6カ月の期間における休日労働を含めた時間外・休日労働の上限を定

めなければならなくなりました。

単月では100時間未満、2〜6カ月では平均80時間以内とされているので、この範囲内で、労使の話し合いで、具体的な時間を決めなければなりません。

特別条項については、法定労働時間の「例外」である時間外労働の上限の、さらに「例外」です。法律が定めるのは、あくまで最大限ですから、事業場における業務の実態などを考えて、労使の話し合いで、できる限り対象を限定し、かつ必要最小限に定めることが望まれます。

特別条項（臨時の必要がある場合）

- **臨時の必要がある特別な場合**
  36協定の特別条項で月45時間、年360時間を超えた上限を定められる。
- **特別条項を定める場合の要件**
  - 年720時間以内
  - 1カ月 ── 休日労働を含めて100時間未満
  - 2〜6カ月平均 ── 休日労働を含めて80時間以内
  - 月45時間を超えられるのは、1年のうち6カ月まで

留意事項
- **特別条項の対象となる部門、業務は必要最小限とし、臨時の必要がある特別な場合を具体的に定める。**
- **1年のうち6カ月までなので、年間を通じて忙しい部署は対象外。**
  ➡ 人員体制や業務の見直しが必要
- **2〜6カ月平均80時間を遵守するためには、80時間を超えて働かせる月の前後5カ月の時間外・休日労働時間を管理する必要がある。**
  - 2カ月連続で81時間は違反。
  - 90時間働かせた次の月は70時間以内としなければならない。

9 労働時間の法的上限の適用が除外、猶予される業務

▶ 研究開発業務（適用除外）

　新技術、商品または役務の研究開発に関わる業務は、法的上限規制は適用されません。ただし、研究開発の補助業務などは含まれません。適用されないのは法的上限規制で、労働時間規制全体は適用除外されないので、1日8時間、1週40時間を超えて働かせる場合には、36協定の締結、労働基準監督署への届け出が必要です。また、36協定で定めた限度時間を超えて働かせることはできません。

　これらの仕事をする人に月100時間を超えて時間外・休日労働をさせた場合には、医師の面接指導を行わなければなりません。一般の労働者にも長時間労働の場合の医師面接の規定はありますが、研究開発業務の労働者に関しては罰則付きの義務規定となっています。

▶ 運送事業における自動車運転業務（適用猶予）

　運送事業などにおける自動車の運転業務は、法的上限規制に関する規定が、一定の期間、適用猶予されます。令和6（2024）年3月31日までは、基本的に、現行制度のままです。詳細については、各種資料を参照してください。

　このように、労働基準法の法的上限は適用猶予されますが、運転者の過労は深刻で、重大な交通災害の危険も大きいので、労使による残業時間削減の努力が求められます。

政府も荷主の理解と協力を確保する施策を講じるなど、環境整備に努めることとしています。

なお、自動車の運転業務については、拘束時間、休息時間、運転時間などに関して運転者の労働時間等の改善基準が定められていますので、これを遵守することが必要です。

改善基準の拘束時間などについては、労働政策審議会で改善に向けた検討を始めることになっています。

法的上限の適用猶予・除外

研究開発業務
- 専門的・科学的な知識・技術を有する者が従事する新技術、新商品等の開発の業務は、法的上限規制は適用除外。
- 時間外労働をさせる場合、36協定締結・届け出、割増賃金支払いが必要。
- 月100時間を超えて時間外・休日労働をした場合、医師の面接指導が義務（罰則付き）。

自動車の運転業務
- 自動車の運転業務は、令和6（2024）年3月31日までは、現行のまま。
  - 1カ月45時間、1年360時間の上限は適用されない。
  - 36協定では、1日、1日を超え3カ月以内、1年の上限を定める。
    ＊必ずしも1カ月でなくてもよい。
- 令和6年4月1日から、
  - 月45時間、年360時間の法的上限が適用。
  - 36協定では、1日、1カ月、1年の上限を定めなければならない。
  - 特別条項の場合には、単月、2〜6カ月の平均、対象月数の要件は適用がなく、1年960時間以内。
    ＊特別条項がないと月45時間、年360時間を超えられない。

▶ 建設の事業（適用猶予）

　建設の事業も、法的上限規制の期間適用が猶予され、令和6（2024）年3月31日までは、基本的に、現行制度と同じです。36協定で、時間外労働の限度時間を定める場合、1日、1日を超え3カ月以内の期間、1年についてそれぞれ限度時間を定めます。1日を超え3カ月以内の期間は1カ月に限られません。また、月45時間、年360時間の上限は適用されず、これを超える時間を定めることも可能です。

　令和6年4月1日以降は、災害時における復旧及び復興の事業の場合を除いて、ほかの事業と同じ法的上限規制が適用されます。災害時の復旧及び復興の事業は、基本的に、ほかの事業と同じ規制が適用されますが、単月で時間外・休日労働が100時間未満とする規制のみが適用されません。

　ただし、建設業の長時間労働は、労働者の健康問題を生じさせ、同業種の人手不足の原因ともなっているので、発注者の理解と協力を得て、残業時間の削減に向けて努力する必要があります。

▶ 医師（適用猶予）

　医師も、適用が猶予されます。ただし、歯科医師、看護師などの医療スタッフは対象になりません。猶予期間は、これも令和6年3月31日までです。月45時間、年360時間の上限は適用されないので、これを超える時間を定めることも可能です。また、36協定で時間外労働の限度時間を定める場合のルールも建設の事業と同様です。

令和6年4月1日以降は、平成31年3月に取りまとめられた医師の働き方改革に関する検討会報告に基づき、医師の時間外労働の法的上限は、原則月100時間、年960時間以内、特定の場合でも年1860時間以内とし、追加的な健康確保措置を義務付ける方向となっています。

　ただし、医師の長時間労働に対して適切な方策を講じていくことは必要です。同報告では、医療機関内のマネジメント改革、地域医療提供体制における機能分化・連携などを進めていくべきとされています。

建設の事業
- **建設の事業は、令和6年3月31日までは、現行のまま。**
  - 月45時間、年360時間の上限は適用されない。
  - 36協定では、1日、1日を超え3カ月以内、1年の上限を定める。
    ＊必ずしも1カ月でなくてもよい。
- **令和6年4月1日から、基本的に、ほかの業種と同じ規制が適用となる。**
  - 月45時間、年360時間以内。
  - 36協定では、1日、1カ月、1年の上限を定めなければならない。
  - 特別条項を定める場合の要件（年720時間以内、単月100時間未満、2～6カ月平均80時間以内、年6カ月まで）が適用。
    ＊ただし、災害時の復旧・復興事業は、単月100時間未満は適用なし。

医師
- **医師は、令和6年3月31日までは、現行のまま。**
  - 月45時間、年360時間の上限は適用されない。
  - 36協定では、1日、1日を超え3カ月以内、1年の上限を定める。
    ＊必ずしも1カ月でなくてもよい。
- **令和6年4月1日以降につき、「医師の働き方改革に関する検討会」の報告に基づき対応。**

10 36協定の締結・届出

▶ 適切な労働者代表とは

　36協定は、各事業場の労働者の過半数で組織する労働組合、あるいは、労働者の過半数を代表する者（過半数代表）と締結します。

　労働基準法施行規則において、過半数代表の選任について、使用者の意向による選出は手続き違反であることが明記されています。労働者全員による選挙、全員参加の会合における挙手など、真に労働者の意向が反映される方法で選出しなければなりません。

　使用者の意向により選出された人は、適正な代表とは言えず、その人と締結した36協定は無効となってしまいます。

　また、労働基準法施行規則に、労働者代表として正当な行為をしたことを理由に不利益な取り扱いをしてはならないという規定に加え、過半数代表が36協定などに関する事務を円滑に遂行できるよう、必要な配慮をしなければならない旨の規定が設けられました。

　36協定締結にあたっては、企業の都合を押しつけるのではなく、代表者を通じて示される労働者の意向も勘案して、適切な内容とすることが求められます。

▶ 労働基準監督署への届け出が必要

　36協定は労使間で締結しただけでは効力は発揮しません。労働基準監督署への届け出が必要です。定められた様式によって、協定の内容を届け出なければなりません。

　また、36協定の内容は事業場の労働者に周知しなければなりません。労働者が協定の内容を知り、法違反がないかチェックできるようにするためです。

　同時に、直接労働者に時間外・休日労働を命じる立場にある管理職が協定の内容を正しく知っておくことが重要です。管理職が協定内容を知らずに残業を命じて、法違反につながる事例が多いので、特段の注意が必要となります。

36協定の締結・届け出

適正な労働者代表の選出
- **36協定を締結する労働者代表**
  - 労働者の過半数で組織する労働組合がある場合は当該労働組合
  - そのような労働組合がない場合は労働者の過半数を代表する者
- **労働者の過半数を代表する者は、真に労働者の意向が反映される方法で選出**
  - ＊労働者全員による選挙、労働者全員参加の会合で挙手など
- **労働者代表としての正当な行為を理由に不利益取り扱いをしてはならない**

必要最小限な範囲
- **時間外・休日労働は、法定労働時間・法定休日の例外**
  - ➡ 36協定で定める時間外・休日労働の上限は、それぞれの事業場の実態を踏まえて、労使で話し合い、必要最小限とすること。
- **特別条項は、さらにその例外**
  - ➡ 安易に利用すべきではなく、特に必要な部署・業務で、限定的に。

11 割増賃金

▶ 中小企業も対応が必須に

　法定労働時間を超えて労働させた場合と法定休日に労働させた場合には割増賃金を支払わなければなりません。

　労働基準法で定められている割増賃金率は、月60時間までの時間外労働は25％、月60時間を超えた場合は50％、休日労働は35％になります。

　なお、月60時間を超える時間外労働をさせた場合の割増賃金率は、平成20（2008）年改正で25％から50％に引き上げられましたが、中小企業に関してはこれまで適用が猶予されてきました。この適用猶予が廃止され、令和5（2023）年4月1日から、50％に引き上げられることになりました。中小企業では、割増賃金の見直しが必要となります。

　労働基準法で定めている割増賃金率は、あくまで最低基準です。実際には、これを上回る割増賃金を支給している企業も多くありますが、特に、特別条項の対象となる月45時間を超える時間外労働に関しては、労働時間設定改善指針において、25％を超える割増賃金とすることが望ましいとされています。

▶ 固定残業代制度を導入している場合は

　労働基準法が定めているのは、法定時間外労働と法定休日労働に対する割増賃金です。所定労働時間が短い場合は、

法定労働時間までの残業に対しては、法的には割増賃金を支払う必要はない、ということになります。しかし所定労働時間を超えた部分から割増賃金を支払っている企業は多く、また、あらかじめ決まっている所定労働時間を超えて働かせる意味を考慮して対応するのが望ましいでしょう。

　また、時間外労働をしなくても一定の時間まで割増賃金を支払う、いわゆる固定残業代制度を導入している企業があります。この制度を導入している場合でも、実際の時間外・休日労働が想定している時間を超えた場合には、法定の割増賃金を追加して支払わなければなりません。

　さらに、固定残業代を支払っているとして、想定した時間まで働くことを求めるような運用は、法定労働時間の趣旨や時間外・休日労働を抑制しようとする、働き方改革の方向に反するものになります。

割増賃金

- **法定労働時間を超えて、あるいは法定休日に働かせた場合に割増賃金が必要。**
  - 月60時間までの時間外労働　　25%
  - 月60時間を超えた場合　　　　50%
  - 休日労働　　　　　　　　　　35%
- **中小企業は、現在、月60時間を超えた場合でも、25%とする経過措置がある。**

令和5年4月1日から、経過措置が廃止
中小企業においても月60時間を超えた場合は割増賃金50%

12 労働時間を把握する方法

▶ 適正に記録するための方策

　正確な労働時間の把握は、労働時間の管理、さらに適切な割増賃金の支払いのためにも必要です。労働基準法は、賃金台帳作成義務において、管理監督者、裁量労働対象者など実際の労働時間に基づき割増賃金を支払う必要がない対象を除き、労働時間の把握、記帳を義務づけています。

　そして、適切に労働時間が把握されるように、厚生労働省は「労働時間の適正な把握のために使用者が講ずべき措置に関するガイドライン」を公表しています。ガイドラインでは、労働日ごとの始業・終業時刻を確認し、適正に記録する必要があるとしています。事業者は、自ら現認して確認することとされ、タイムカード、ICカード、パソコンの使用時間といった客観的な記録などで確認し、適正に記録します。やむを得ず労働時間を自己申告にする場合は、労働者と管理者に自己申告制の適正措置などを十分説明すること、把握した労働時間と入退場記録やパソコン使用時間などでわかる在社時間に大きな乖離があれば、実態調査し、労働時間を補正することなどを求めています。

▶「サービス残業」は法違反

　労働時間を意図的に過小に把握して、いわゆるサービス残業をさせることは、労働基準法第24条（賃金支払い）、

32条（労働時間）、第37条（割増賃金）、第108条（賃金台帳）の違反となります。

　労働安全衛生法の改正により、長時間労働者に対する医師の面接指導を適切に実施するため、すべての労働者の労働時間状況を把握しなければならないことになりました。

　労働基準法108条に基づき労働時間を把握し、賃金台帳を作成している労働者には、新たな対応は必要ありません。労働安全衛生法の規定は、管理監督者や裁量労働対象者にも適用されるので、新たに、同法に基づき客観的な方法により労働時間状況を把握しなければなりません。

労働時間の把握

- **賃金台帳作成義務（既存）**
    - 割増賃金支払いの前提として、時間外・休日労働した時間を把握・記載する。
      ＊割増賃金との関係で実際の労働時間を把握する必要がない、管理監督者、裁量労働対象者などを除く。
- **労働安全衛生法による労働時間の状況の把握義務（新規）**
    - 労働者の健康確保、具体的には医師の面接指導の前提として、新たに義務化。
      ＊管理監督者、裁量労働対象者などを含め、すべての労働者。

留意事項
- **労働時間は客観的な記録を基礎に適切に把握しなければならない。**
    - タイムカード、ICカード、パソコンの使用時間の記録など客観的な記録を基礎として確認すること。
    - やむを得ず自己申告制による場合には、
        - 適正な申告をするよう上司及び本人に十分説明する。
        - 自己申告と在社時間に著しい乖離がある時は、実態調査して補正する。

13 勤務間インターバルの確保

▶ 今回改正で努力義務が規定される

　勤務間インターバルとは、前日の終業時刻から翌日の始業時刻までの時間で、実際に仕事を終えた時刻、始めた時刻になります。残業や早出をした場合には、その時刻となります。

　例えば、所定労働時間が午前9時から午後6時までの場合、前日に午後8時まで残業し、翌日午前7時に早出すると、勤務間インターバルは11時間となります。

　勤務間インターバルの確保を制度として導入する企業は1.8％、導入予定、または検討中の企業は9.1％で、日本ではほとんど普及していません。なお欧州では、EU指令により11時間の勤務間インターバル確保が義務づけられています。

　今回の改正で、労働時間等設定改善法に勤務間インターバル制度導入の努力義務が規定されました。労働者の過労死防止、健康確保のためには、インターバル確保が重要だからです。また過労死防止対策推進大綱では、政府目標として、勤務間インターバル制度の導入率の目標が10％とされています。

▶ まずはインターバルの状況把握を

　これまで企業は、1日、1カ月などの残業時間の長さは

把握・管理してきましたが、日々の勤務間のインターバルは把握していなかった場合が多かったのではないでしょうか。

まずは、インターバルの状況を把握することが必要です。その上で、前日の残業が長時間だったなら、翌日の始業時刻を繰り下げる制度を取り入れていくことが考えられます。

またシフト制の職場などでは、シフト交代時の勤務間隔や残業のあり方を考える必要があります。

勤務間インターバル

勤務間インターバルの状況

制度として導入している企業	1.8%
導入を予定・検討している企業	9.1%

▼

労働時間等設定改善法において、勤務間インターバルの確保の**努力義務**

留意事項
- 勤務間インターバルとは、前日に実際に仕事を終えた時刻から当日実際に仕事を始めた時刻までの時間。
    所定労働時間が9時から18時まで、前日2時間残業、当日2時間早出
    ➡ 前日20時から当日7時まで＝11時間
- EU指令では勤務間インターバルとして11時間を義務付けている。

14 長時間労働をなくすために

▶ トップから現場まで意識改革が必要

　労働時間に関する法制度が大きく変わりました。各企業は、法の遵守は当然ですが、ただ「法を守れ」と言っているだけでは、労働時間短縮は進みません。形式的に法律順守だけを指示すると、サービス残業の増加など、かえって事態が悪化するかもしれません。

　まず企業トップが、働き方改革による労働時間短縮に向けたリーダーシップを発揮することが重要です。社長のリーダーシップで改革が進んでいる事例は多くあります。

　次に、働き方や長時間労働に関する企業風土を変えていく必要があります。長時間労働を自慢する、評価するようなことがあってはなりません。現場の管理職の意識改革も重要です。

▶ 業務や体制の見直しなど総合的な取り組みが必要

　さらに単なる意識変革では労働時間短縮は進みません。組織として継続的に取り組む体制を整備し、労働時間や業務の実態を把握したうえで、業務の見直し、無駄の排除、人員体制の見直しなど、総合的に取り組んでいく必要があります。

　長時間労働の原因が、取引先など外部にある場合、顧客の理解を得つつ、業界として対応することが必要な場合も

あります。

　労使の協力によって、生産性の向上を目指し、その成果は、賃金の引き上げや労働時間短縮に活用されることが望まれるのです。

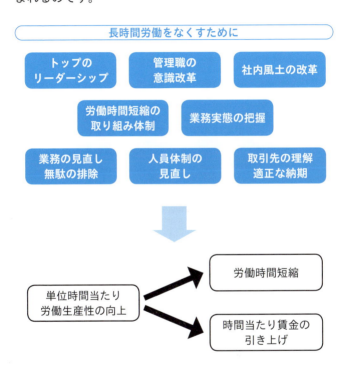

36協定に関する
チェックポイント

基本姿勢

- [ ] **36協定で定める延長時間を法律で認められる最大限にしようとしていないか**
  ⇒時間外・休日労働は必要最小限にとどめられるべきものとされている。
- [ ] **「法定上限と36協定で定めた上限時間を遵守していれば雇用主としての責任を果たしている」と考えていないか**
  ⇒遵守していても、労働契約法に定める安全配慮義務違反になる場合がある。
  ⇒36協定の上限時間は必要最小限とし、健康確保措置を適切に実施。
- [ ] **脳・心臓疾患の労災認定基準を知っているか**
  ⇒時間外・休日労働が月45時間を超えると脳・心臓疾患の発症可能性が徐々に強まること、単月100時間・複数月平均80時間を超えると発症の関連性が強いこと。
  ⇒特別条項は真に必要な場合に限定し、健康確保措置を万全に実施。

協定の有効期間

- [ ] **協定の有効期間として、具体的な期間が定められているか**
  ⇒36協定の内容は、各事業場の実態を踏まえ、労使で話し合って決めるもので、状況の変化に応じて見直す必要がある。他方、1年の時間外労働の上限を定めることとなっている。このため、有効期間は1年が適当。

業務区分と時間外・休日労働が必要な理由

- [ ] **業務区分が事務、製造など、大きな区分になっていないか**
  ⇒時間外・休日労働が必要な理由や必要と考えられる上限時間数との関係で、できる限り細分化・明確化すべき。
- [ ] **時間外・休日労働をさせる必要がある理由は、業務区分ごとに、具体的に決められているか**
  ⇒業務区分ごとに具体的な理由を示す必要があり、一律の理由や業務繁忙などの抽象的な理由では不十分。

延長できる時間（1日）

（1日の所定労働時間が8時間未満の場合）

- [ ] **延長できる時間は、法定労働時間（1日8時間）を超えて働かせる時間として決められているか**
  ⇒36協定で定めなければならないのは、法定労働時間を超えて働かせる場合の延長時間の限度で、1日8時間を超えて延長できる時間を必ず定める必要がある。
  ＊所定労働時間を超えて働かせることができる時間について、併せて協定することはよいが、それだけでは不十分。
- [ ] **1日の延長時間が15時間など、前日の終業時刻から翌日の始業時刻まで勤務可能とするものになっていないか**
  ⇒1日の延長時間の限度は示されていないので、そのような協定も可能だが、労働者の健康、勤務間インターバルの努力義務創設などを考えると、翌日の始業時刻繰り下げなどの対応が望ましい。

チェックリスト ❶

延長できる時間(1カ月)

- [ ] **1カ月の上限時間が決められているか**
  ⇒労働基準法の改正により、必ず、1カ月の限度を定めなければならないこととなった。
- [ ] **上限時間は45時間以下の時間が具体的に定められているか**
  ⇒45時間を超える時間を定めると、法律に反するため無効となる。
  　＊この場合、36協定が無効となるので、法定労働時間を超える時間外労働は一切できなくなる

(上限時間を45時間としている場合)

- [ ] **安易に法定上限である45時間に決めたのではないか**
  ⇒各事業場の状況を踏まえて労使で十分話し合い、できる限り短い時間とすることが望ましい。

(週の所定労働時間が40時間未満である場合)

- [ ] **延長できる時間は、法定労働時間(1日8時間、1週40時間)を超えて働かせる時間として定められているか**
  ⇒36協定で定めるのは、法定労働時間を超えて働かせる場合における、延長時間の限度で、1日8時間または1週40時間を超えて延長できる時間を必ず定める必要がある。
  　(注)小規模の商業、サービス業などは週の法定労働時間は44時間なので、1週44時間を超えて働かせる時間を定めなければならない。
  　＊所定労働時間を超えて働かせることができる時間について、併せて協定することはできるが、それだけでは不十分。

(1年単位の変形労働時間制の対象労働者の場合)

- [ ] **上限時間は42時間以下の時間が具体的に定められている**

か
⇒42時間を超える時間を定めると、法律に反するため無効となる。
　＊この場合、36協定が無効となり、時間外労働は一切できなくなる。

（契約期間が1カ月未満の労働者がいる場合）

☑ **契約期間が1カ月未満の労働者を対象として、その契約期間に見合った、一定の期間における延長時間の上限が定められているか**
⇒1週15時間、2週27時間、4週43時間という目安が示されている。

延長できる時間（1年）

☑ **1年の起算日が定められているか**
⇒1年間の時間外労働を管理する「年」について、36協定で起算日を定めて、年間時間外労働時間を適切に管理することとしたものである。

☑ **上限時間は360時間以下の時間が具体的に定められているか**
⇒360時間を超える時間を定めると、法律に反するため無効となる。
　＊この場合、36協定が無効となり、時間外労働は一切できなくなる。

（上限時間を360時間としている場合）

☑ **安易に法定上限である360時間に決めたのではないか**
⇒各事業場の状況を踏まえて労使で十分話し合い、できる限り短い時間とすることが望ましい。

（週の所定労働時間が40時間未満である場合）

☑ **延長できる時間は、法定労働時間（1日8時間、1週40時間）を超えて働かせる時間として定められているか**

⇒1カ月の限度時間の項参照。

（1年単位の変形労働時間制の対象労働者の場合）

☑ **上限時間は320時間以下の時間が具体的に定められているか**
⇒320時間を超える時間を定めると、法律に反するため無効となる。
＊この場合、36協定が無効となり、時間外労働は一切できなくなる。

休日労働

☑ **休日労働について協定する必要性の再確認**
⇒36協定が必要なのは、週1日あるいは4週4日の法定休日に働かせる場合で、週休2日制の事業場で週1日の休日を必ず確保する場合は、不要。

☑ **休日労働させることができる日数は必要最小限となっているか**
⇒法定休日を対象としており、休日労働をした場合には、週に1日も休みがなくなり、長期にわたる連続勤務となることから、できる限り少なくすべきである。

☑ **休日労働する場合の始業・終業時刻は必要最小限となっているか**
⇒所定労働日における始業・終業時刻とは異なる。36協定で定めた時間を超えて、法定休日に働かせることはできない。
⇒しかし、法定休日に働いたうえ、その日が8時間を超えるようなことは、労働者の健康確保の上から、大きな問題がある。

時間外労働と休日労働を合算した限度

☑ 36協定に時間外労働と休日労働の合算した時間が、1カ

月100時間未満、2～6カ月平均80時間以下である旨の定めをしているか
⇒時間外・休日労働の合算が1カ月100時間未満、2～6カ月平均80時間以下としなければならないことは、労働基準法で定められた要件だが、36協定においても確認として定めることとされている。この旨の定めがない36協定は無効である。

特別条項（限度時間を超えて働かせることができる場合）

☑ **特別条項が本当に必要かを、十分に検討したか**
⇒時間外労働は、そもそも法定労働時間の例外で、その限度として月45時間、年360時間が法定上限として定められている。さらにそれを超えるのは、真に必要な場合に限られるべき。
⇒安易に特別条項を利用するのではなく、まず業務や人員体制の見直しをすべき。

☑ **特別条項の対象とする部門・業務区分は必要最小限となっているか**
⇒法定労働時間の例外中の例外なので、特別条項の対象は真に必要な部門・業務に限るべきである。

☑ **臨時的に限度時間を超えて働かせる場合が、「業務の都合上必要」、「業務上やむを得ない場合」などとなっていないか**
⇒これらの抽象的な表現は許されない。具体的に定める必要がある。

☑ **業務区分ごとに、臨時的に限度時間（月45時間、年360時間）を超えて働かせることができる場合を具体的に定めているか**
⇒当該事業場で通常予見できない業務量の大幅な増加などにより臨時的に限度時間を超えて働かせる必要がある場合を、できる限り具体的に定める必要がある。

チェックリスト ❶

特別条項（1カ月の上限）

☑ **1カ月における法定時間外労働と法定休日労働の合計時間数の上限として、100時間未満の時間数が具体的に定められているか。**
⇒1カ月の法定上限は100時間未満なので、それを下回る時間を具体的に定めなければならない。
⇒100時間以上の時間とした36協定は無効となる。

（限度時間を「100時間未満」としている場合）

☑ **安易に法定上限である100時間に近い時間に決めたのではないか**
⇒特別条項は例外中の例外なので、各事業場の部門・業務ごとの状況を踏まえて労使で十分話し合い、真に必要な時間数にすることが重要。

☑ **月45時間を超えて働かせることができる回数を6回以下で、具体的に定めているか**
⇒労働基準法は月45時間を超えて働かせることができるのは6回以下としているので、それを下回る回数としなければならない。
⇒6回を超える回数とした場合には無効となる。

（回数を6回としている場合）

☑ **安易に法定上限である6回に決めたのではないか**
⇒特別条項は例外中の例外なので、各事業場の部門・業務ごとの状況を踏まえて労使で十分話し合い、できる限り少ない回数とすべきである。

特別条項（1年の上限）

☑ **1年間の法定時間外労働の上限として720時間以下の時間数が具体的に定められているか**

⇒1年の法定上限は720時間なので、それを下回る時間を具体的に定めなければならない。
⇒720時間を超える時間とした36協定は無効となる。

（上限時間を720時間としている場合）

☑ **安易に法定上限である720時間に決めたのではないか**
⇒特別条項は例外中の例外なので、各事業場の部門・業務ごとの状況を踏まえて労使で十分話し合い、真に必要な時間数にすることが重要である。

特別条項（割増賃金）

☑ **限度時間（月45時間、年360時間）を超えて働いた場合の割増賃金について、25％を超える割増賃金率を定めているか**
⇒特別条項を定める場合、限度時間を超えた部分に対する割増賃金率として、法定の25％よりも高い割増率とするのが望ましい。
⇒なお、月60時間を超えた場合には、労働基準法で50％と定められている。（中小企業は令和5（2023）年4月1日から）

特別条項（手続き）

☑ **限度時間を超えて働かせる場合の手続きを定めているか**
⇒限度時間を超えて働かせる場合、36協定に締結当事者である、労働組合・過半数代表がチェックできるように、協議、通告など一定の手続きを要することが必要。
⇒36協定においてその手続きを定めなければならない。

チェックリスト ❶

特別条項（健康福祉確保措置）

☑ **36協定において、限度時間を超えて働かせる場合における労働者の健康福祉確保のために講ずる措置が定められているか**
⇒下に掲げるリストのうち、労使で話し合って、必要な措置を定めることが望ましい。
⇒健康福祉措置について何も定めないことは許されない。

健康確保措置のリスト
- 一定時間を超えた労働者に対する医師の面接指導
- 1カ月における深夜業の回数制限
- 一定の勤務間インターバルの確保
- 勤務状況・健康状態に応じた代償休日・特別休暇
- 勤務状況・健康状態に応じた健康診断
- 年休の連続取得促進
- 心とからだの健康相談窓口設置
- 勤務状況・健康状態に配慮した配置転換
- 産業医等による助言・指導、保健指導

労働基準監督署への届け出

☑ **36協定を労働基準監督署に届け出ているか**
⇒36協定は、所定の様式で労働基準監督署に届け出なければならない。
⇒届け出ていないと効力はなく、法定時間外労働・法定休日労働をさせることはできない。

36協定の周知・遵守

☑ **36協定を労働者に周知しているか**
⇒事業者は36協定を労働者に周知する義務がある。

- ☑ **管理職に対して、36協定の内容を理解させ、法定時間外・法定休日は、労働協定の範囲内で、かつ、必要最小限とするように徹底しているか**
  ⇒36協定に定める限度を超えて時間外・休日労働をさせた場合、36協定に定める業務区分・理由に該当しないのに時間外・休日労働をさせた場合などは、労働基準法違反となる。

労働時間の適正な把握

- ☑ **各労働者の労働日ごとの始業・終業時刻を客観的な方法で確認し、適正に記録しているか**
  ⇒労働時間は、原則として、次のいずれかにより把握することとされている。
  - 事業者、管理職が自ら現認することにより確認すること
  - タイムカード、ICカード、パソコンのログオン・ログオフ記録などの客観的な記録を基礎として確認すること
- ☑ **やむを得ず自己申告制とする場合に、適正な申告が行われ、労働時間の状況を把握できるようにしているか**
  ⇒適正な自己申告がなされるよう、次のような対応が必要。
  - 労働者に労働時間の状況を正しく記録し、適正に自己申告するよう十分説明する。
  - 管理者に自己申告制の適正な運用等について十分説明する。
  - 自己申告と実際の労働時間の状況について、必要に応じ実態調査し、所要の補正をすること。
  - 事業場内にいる時間等であって自主申告で除外した時間について、労働者から適正に報告されているか確認すること
  - 労働者が自己申告できる労働時間の状況に上限を設け

るなど適正な申告を阻害する措置を講じてはならないこと。

- [x] **全社的に時間外労働削減に取り組むことにした結果、現場で、時間外労働を少なく見せる意図的な操作をしていないか**
⇒時間外労働削減への取り組みは重要だが、実際に削減が進んでいないのに、つじつま合わせのため、短く記録するようなことは許されない。
⇒労働基準法第24条（賃金の全額払い）、32条（法定労働時間）、37条（割増賃金）、108条（賃金台帳）の違反となる。

- [x] **労働時間に、事業者の指揮命令の下にある時間はすべて入れて把握しているか**
⇒次のような行為は、労働時間に含めなければならない
  - 使用者の指示による業務に必要な準備行為（着用を義務付けられた服への着替え）、後始末（清掃等）
  - いわゆる手待ち時間
  - 参加が義務づけられている研修・教育訓練の受講、事業者の指示による業務に必要な学習等の時間

36協定が無効だと、
時間外労働が
一切できなくなります

要件を満たさない36協定は、
協定そのものが無効になるので、
注意が必要です

36協定等を締結する
労働者代表に関するチェックポイント

事業場に労働組合がある場合

- [x] **事業場の労働者(パート、アルバイトなどを含む)の人数の確認**
  ⇒パート、アルバイトなどを含めた全労働者が、過半数を判定する場合の母数となる。
- [x] **労働組合員の人数が事業場の労働者の人数の2分の1超であることの確認**
  ⇒2分の1を超えている場合 ➡ 当該労働組合と締結
  ⇒2分の1以下の場合 ➡ 過半数代表者を選出し、その者と締結

<u>確認事項</u> 企業に複数の事業場がある場合には、事業場ごとに判断すること。

過半数代表者の選出

- [x] **選出手続きに際して、何のための選出か明らかにされているか**
  ⇒36協定等の協定を締結する代表を選出する手続きであることを明示して、手続きを行わなければならない。
- [x] **選出手続きは、投票、挙手、労働者の話し合いなど、労働者による民主的な手続きであるか**
  ⇒労働者の過半数がその人を支持していることが明確になる方法とすることが必要。
- [x] **選出にあたって、経営者の意向が反映されていないか**
  ⇒経営者が自分に都合のよい人を指名するなどは許されない。

- [x] **選出にあたって、親睦会の幹事など、特定の人が自動的に選ばれるような仕組みになっていないか**
  ⇒36協定などの締結のために選出された者でなければならない。
- [x] **選出手続きには、パート、アルバイトなどを含めて、労働者全員が参加しているか**
  ⇒過半数代表は、その事業場の労働者全員の代表である。
- [x] **選出された者が、工場長、総務部長など、労働基準法の管理監督者ではないか**
  ⇒過半数代表は、一般の労働者でなければならない。

過半数代表に対する対応

- [x] **過半数代表に選出された者に対して、経営者の意中のものでないことなどを理由に、不利益に取り扱っていないか**
  ⇒過半数代表になったことを理由に不利益取り扱いをしてはならない。
- [x] **過半数代表が、36協定等の内容などについて意見を言うなどしたことを理由に、不利益に取り扱っていないか**
  ⇒過半数代表が正当な行為をしたことを理由に不利益取り扱いをしてならない。
- [x] **過半数代表は、36協定等の内容に関して、事業場の労働者の意見を集約するための活動ができるか**
  ⇒過半数代表が、その事務を円滑にできるよう、配慮することが必要。

労働基準法の違反で科される刑事罰は？

　労働基準法は刑罰法規であり、同法で定める労働条件の最低基準に違反した場合には、懲役や罰金の刑事罰が適用になります。

　労働基準法違反で最も重いのは、強制労働をさせた場合で、1年以上10年以下の懲役または20万円以上300万円以下の罰金です。36協定で定めた時間や法定上限を超えて働かせた場合には、6カ月以下の懲役または30万円以下の罰金です。

　労働時間に関する違反は対象労働者1人につき一罪が成立するので、仮に10人の労働者について違反があれば、罰金の上限は300万円となります。

　また、労働基準法には、両罰規定がありますので、違反があった場合には、事業者である会社あるいは個人事業主と直接法定上限などを超える残業を指示した上司の両方が刑罰の対象となります。

　労働基準法違反の場合、一般的には労働基準監督官は是正勧告により改善を促し、それに従わない場合に司法手続きに移りますが、告訴事案や結果の重大性によっては直ちに司法手続き（書類送検）をとることもあります。

第 3 章

柔軟な労働時間制度

15 柔軟な労働時間制度

▶ 柔軟な働き方を可能にする3つの制度

労働者の自主性を活かして柔軟な働き方を可能とする労働時間制度として、「高度プロフェッショナル制度」「裁量労働制度」「フレックスタイム制度」があります。

高度プロフェッショナル制度と裁量労働制度は、高い専門能力を持っている労働者の多様なニーズに応え、働きやすい環境を提供する制度です。労働者の裁量性を高めることによってイノベーション（事業や技術の革新）を促し、企業の競争力を高めることを目的としています。

またフレックスタイム制度は、対象となる労働者に制限はありません。労働者自身が日々の始業・終業時刻や労働時間の長さを決められることによって、労働者のモチベーション（働く意欲）を高めるとともに、家庭と仕事の両立を図りやすくすることを目的としています。

▶ 長時間労働を進める制度ではない

いずれの制度も、労働時間規制の適用除外やみなし労働時間により、長時間働かせて、残業代を支払わないことを目的とする制度ではありません。

事業者は、制度の趣旨を十分理解して、労働者の裁量性を高め、働きやすい環境を整備することによって、より良い成果を目指す必要があります。

柔軟な働き方のための労働時間制度

目 的

◎ 高い専門能力を有する労働者の多様なニーズに応え、働きやすい環境を提供。

◎ 労働者の裁量性を高め、イノベーションを促し、企業の競争力を高める。

✕ 長時間働かせて、残業代を支払わないことを可能にする。

高度プロフェッショナル制度
高度の専門性を有する労働者が、その専門性を活かし、自律的に日々の働き方を決めて働く場合
⇒一般の労働時間規制の適用除外
　＊高度プロフェッショナル制度の要件を満たすことが前提

裁量労働制
専門性の高い労働者や企画部門の労働者が、業務の遂行方法を大幅にゆだねられて働く場合
⇒労働時間の算定に関して、みなし時間とする
　＊裁量性が高いことが前提、労働時間規制は適用される

フレックスタイム制
日々の始業・終業時刻、労働時間の長さを労働者の決定にゆだねる
⇒一定の期間ごとに労働時間を清算、実際の労働時間に応じた賃金
⇒労働時間規制は、清算期間単位で適用される

16 高度プロフェッショナル制度①

▶ どんな労働者が対象になるのか

　高度プロフェッショナル制度は、今回の法改正で新たに導入された制度です。これは高度の専門性を持つ労働者が、事業者の日々の労働時間管理の下で働くのではなく、本人がその専門性を活かし、自律的に日々の働き方を決めて働く場合、労働時間規制の適用を除外する制度です。

　制度の対象は、金融商品の開発、金融商品のディーラー、アナリスト、コンサルタント、研究開発業務です。

　これらの業務であって、かつその仕事の遂行が労働者の自主性にゆだねられている場合に、対象業務となります。

▶ 成果や業績が最低でも年収1075万円以上

　高度プロフェッショナル制度の対象とする労働者については、事業者と労働者との間で各人の職務が職務記述書で明確に定められ、署名していることが必要となります。使用者が後から職務記述書に定めていない仕事を指示することは許されません。

　制度の対象となる労働者の年収は、1075万円以上でなければなりません。これは年収が「確実」に1075万円以上と見込まれるということです。成果給や業績給部分を含めてもよいのですが、たとえ成果や業績が「最低」であっても、1075万円以上支払うものでなければなりません。

高度プロフェッショナル制度

対象業務
- **高度の専門的知識等を必要とし、その性質上、従事した時間と成果との関連性が通常高くないと認められる業務。**
    - ＊具体的には省令で、金融商品の開発、金融ディーラー、証券アナリスト、コンサルタント、研究開発が定められている。
- **業務の遂行の時間が労働者の自主性にゆだねられていること。**

職務の明確性
- **各期ごとに、職務記述書で当該労働者の職務を明確に定めること。**
    - 過大な業務量や期限の設定をしてはならない。
    - 事業者は、業務の都合などで、後から仕事を追加できない。

年収1075万円以上
- **年収は確実に1075万円以上となることが必要。**
    - 成果給・業績給の場合、最低評価でも1075万円以上であること。
    - 新たに適用する場合、従前の残業代込みの年収を下回るのは適切でない。

制度の対象や内容をしっかり把握しましょう

17 高度プロフェッショナル制度②

▶ 労働者の同意が必要

　制度の対象にするには労働者の同意が必要です。希望者のみが対象で、同意しなかった人に不利益な取り扱いをしてはなりません。同意の有効期間は最長1年で、毎年、前年の働きぶりや成果を踏まえ、翌年の職務範囲と年収を定めることとされています。さらに、労働者が高度プロフェッショナルとして働いてみたら、想定とは違っていた、という場合は同意を撤回できます。同意と同意撤回の手続きは、労使委員会の決議で定めることとなっています。

▶ 健康確保のために必要な措置

　事業者は、対象労働者の健康管理のため、事業場内外で働いた時間を合計した「健康管理時間」を把握しなければなりません。労使委員会の決議において、休憩時間などを除外できます。健康管理時間は、客観的なデータに基づいて把握しなければなりません。

　労働安全衛生法において、対象労働者の健康管理時間が週平均40時間を超えた部分が月100時間を超えた場合、医師の面接を受けさせなければなりません。これは、罰則付きの義務規定です。

　対象労働者には、4週間に4日、1年間に104日の休日を確保しなければなりません。この休日は「実際に休む」

ということで、企業が休日にしたものの、本人が自主的に働くということも許されません。

健康確保の措置についても、労使委員会で選択した措置を講ずることとされています（下の表参照）。

さらに、その事業場における健康管理時間の状況などに応じて、労使委員会の決議により、労働者の健康や福祉の増進のため必要な措置を講ずることとされています。年休以外の有給休暇の付与、健康診断の実施などが想定されています。

対象労働者からの苦情の処理のため、労使委員会の決議により、苦情処理手続きを設けることとされています。

労働者の同意
- **各期ごとに、対象労働者の同意が必要。**
  - 同意をしなかった労働者に不利益な取り扱いをしてはならない。
  - 各期の途中でも労働者は同意を撤回できる。

健康管理時間の把握と医師の面接
- **客観的なデータに基づき、健康管理時間を把握しなければならない。**
  - ＊健康管理時間は在社時間と事業場外で働いた時間の合計。労使委員会決議で休憩時間等を除外できる。
- **健康管理時間が週平均40時間を超えた部分が月に100時間を超えた場合。**
  - ➡ 医師の面接を受けさせなければならない。

健康確保措置
- **4週に4日、1年に104日の休日を確保すること。**
  - ＊休日労働させず、実際に休んだ日数である。

18 高度プロフェッショナル制度③

▶ 労使委員会の決議が必要

　高度プロフェッショナル制度を導入する場合には、事業場に労使委員会を設置し、その構成員の5分の4以上の賛成による決議が必要です。

　労使委員会に関しては、その設置について監督署長に届けること、議事録を作成・保存することなどが定められています。

　労使委員会の決議において、高度プロフェッショナル制度の対象業務、対象とする労働者の範囲、健康管理時間の把握方法、健康確保措置の内容、健康管理時間の状況に応じて講じる措置、同意の撤回手続き、苦情処理の措置、同意しないものを不利益に取り扱わないことなどを定めます。

　この労使委員会の決議は、労働基準監督署に届け出る必要があり、届け出をしなければ、効力を発揮しません。

▶ 上司は労働時間にかかわる指示ができない

　高度プロフェッショナル制度を導入した場合には、事業者は職務記述書で記載した範囲を超えて働かせることはできません。また、決議で定めた事項は確実に実施しなければなりません。これに反する運用が行われた場合には、適法な高度プロフェッショナル制度とは言えません。

　また、高度プロフェッショナル制度を導入する場合、対

象労働者の上司に制度の趣旨、労使委員会の決議内容などを周知することが必要となります。

　上司は、日々の始業・終業時刻や深夜労働、休日労働など、労働時間に関わる指示をしてはなりません。労働者の自由な働き方の裁量を奪うような要求や期限をつけることも許されません。このようなことがあると、適法な高度プロフェッショナル制度ではなくなり、法違反となります。

　適切な運用が行われているか確認するため、事業者は6カ月ごとに、健康管理時間の状況と健康確保措置の実施状況を労使委員会で説明するとともに、労働基準監督署に届け出ることとされています。

- **次のうち、いずれかの措置を講じること。**
  - 11時間の勤務間インターバルを確保し、深夜業を月4回以下とすること。
  - 健康管理時間を1カ月100時間または3カ月240時間以下とすること。
  - 2週連続(労働者の希望により1週連続を2回)の休暇を付与。
  - 健康管理時間の超過分が1カ月80時間を超えた場合等に医師の面談。
- **労使委員会決議で、労働者の健康や福祉の増進のため必要な措置を定める。**
  * 年休以外の有給休暇付与、健康診断実施など

苦情処理
- **労使委員会決議で、苦情処理手続きを定める。**

労使委員会決議
- **労使委員会において5分の4以上の賛成により必要事項に関する決議をすること。**
- **労働基準監督署長に届け出ること。**

19 裁量労働制度①

▶ 専門業務型と企画業務型とは

　裁量労働制度とは、労働時間の算定を、実際に働いた時間でなく、労使委員会などで定めた時間と「みなす制度」です。対象は、業務の遂行方法を大幅に委ねられ、日々の労働時間の指示を行われない労働者になります。裁量労働制度には、専門業務型と企画業務型があり、導入している企業は、専門業務型が1.8％、企画業務型が0.8％です。

　専門業務型の対象業務は、新商品等の研究開発、システムエンジニア、記者、デザイナー、プロデューサー・ディレクターなど19業務です。

　企画業務型は、事業運営の企画、立案、調査や分析の業務で、業務遂行の手段や時間配分などに関して使用者が具体的な指示をしないものです。例えば、経営計画の策定、企業全体の営業方針・営業計画の策定業務などです。問題となった事案では、補助業務の担当者や、実際の営業担当者まで含めていた例などがみられるので注意が必要です。

▶ 導入の仕方

　専門業務型裁量労働制を導入する場合には、労働組合・過半数代表との労使協定の締結と労働基準監督署への届け出が必要となります。労使協定においては、対象業務、業務の遂行手段、さらに時間配分につき具体的指示をしない

旨、対象労働者の健康・福祉確保措置、苦情処理措置、みなして算定することとなる具体的な時間数を定めます。

　企画業務型を導入する場合には、労使委員会での5分の4以上の賛成による決議と、その決議の労働基準監督署への届け出が必要になります。

　労使委員会の決議においては、対象業務と対象労働者の具体的範囲、対象労働者の健康・福祉確保措置、苦情処理措置、実施にあたり対象労働者の同意を得ること、および不同意を理由に不利益取扱をしないこと、決議の有効期間、記録の保存、みなして算定することとなる具体的な時間数を定めることになります。

裁量労働制のポイント

専門業務型
- 業務の性質上、業務遂行の手段・方法、時間配分等を大幅に労働者の裁量にゆだねる必要がある業務。
    *省令で、新商品の研究開発、記者、デザイナー等19業務を定めている。
- 労使協定の締結・届け出により導入。
- 導入している企業割合は1.8%（平成30年就業条件総合調査）。

企画業務型
- 事業運営の企画、立案、調査、分析の業務であって、業務遂行の手段や時間配分等に関して使用者が指示をしない業務。
    *経営計画の策定、研修計画の策定、財務計画の策定、営業方針等の策定等。
    *企画、立案等に係る業務でも、関係データの収集、帳簿作成その他の補助的業務は該当しない。
- 労使委員会における5分の4以上の賛成による決議・届け出により導入。
- 導入している企業割合は0.8%（平成30年就業条件総合調査）。

20 裁量労働制度②

▶ 残業をしなくても、割増賃金を払う?

　裁量労働制は、労使協定や労使委員会決議で、各業務に就く労働者が働いたとみなす具体的な労働時間を定めます。このみなし時間は、労働者の「労働時間の実態」に即したものにするのが基本です。

　労働時間を完全に把握して平均する必要はありませんが、労使で話し合い、各業務の実態を踏まえ、適切な時間を決める必要があります。

　対象労働者の健康と福祉を確保するため、労使協定か労使委員会決議で、労働時間の状況に応じて、インターバルの確保、労働時間の上限設定、特別な有給休暇の付与、健康診断の実施などのいずれかの措置を定める必要があります。

　また労働時間規制の適用は除外されないため、みなし時間が法定労働時間を超える場合は、36協定と割増賃金の支払いが必要になります。この場合、残業をしない労働者がいても、法律上は、みなし時間は働いたことになるので、割増賃金を支払わなければ違法になります。

▶ 上司が指示してはいけないこと

　裁量労働制度の対象の労働者に対しては、業務遂行の手段や時間配分、日々の始業・終業の時刻を具体的に指示す

ることはできません。

　対象労働者の上司に対して、日々の仕事や働く時間を指示したり、一般の始業・終業時間の遵守を求めたりすることがないよう、徹底する必要があります。

　労働安全衛生法令が改正され、管理職などとともに裁量労働対象者について、客観的、その他適切な方法で労働時間の状況を把握しなければならなくなりました。そして週40時間を超える部分が月80時間を超えれば、申し出により、医師による面接指導を受けさせる必要があります。

裁量労働制の留意事項

- **業務遂行手段や時間配分**などに関して、**具体的な指示をしない**こと。
    - ＊労働者に裁量性があることがみなし労働時間の適用の理由である。
    - ＊始業・終業時刻を具体的に指示する事業場が多いが問題である。
- **対象労働者は裁量性を持って働くために、必要な知識・経験を有すること。**
    - ＊企画裁量型の対象者は少なくとも勤続3年以上の経験が必要。
- **労使委員会決議等で定めるみなし時間は、ある程度実態に即した時間であること。**
    - ＊ある程度残業があるにもかかわらず所定労働時間とみなすものは不適切。
- **みなし時間は、1日当たりの労働時間を算定するもの。**
    - ○所定休日に働いた場合、みなし時間分の時間外労働となる。
    - ○法定休日には適用されないので、実際働いた時間の休日労働となる。
- **健康管理時間を把握**して、その状況に応じて、健康確保措置を講じること。
    - ○週40時間を超える部分が月80時間以上　➡　医師の面接指導
    - ○労使委員会決議等で定める措置
- **みなし時間が法定労働時間を超える場合には、36協定の締結・届け出、割増賃金の支払い**が必要。
    - ＊法定上限月45時間等を超える場合は、働き方の見直しが必要。

21 フレックスタイム制

▶ コアタイム以外は労働を指示できない

　フレックスタイム制は、清算期間、コアタイムなどの要件の下で、労働者が日々の始業・終業時刻を決めて働く制度です。労働者の選択により、1日8時間、週40時間を超えて働いた日や週があっても、清算期間で週平均40時間を超えなければ、法定時間外労働になりません。

　これまで清算期間は最長1カ月でしたが、今回の改正で最長3カ月になりました。清算期間が1カ月以内ならば労使協定で導入できますが、1カ月を超え3カ月以内の場合は、労使協定の締結と労働基準監督署への届け出が必要です。

　日々の始業・終業時刻と労働時間は、労働者が自由に決められます。会議など、企業が必ず働かせたい時間帯があれば、あらかじめコアタイムを設定する必要があります。上司はコアタイム以外に働くことは指示できません。この点は、上司に徹底しておく必要があります。

▶ 新たに導入された所定労働日方式

　所定の労働時間は、清算期間を通じて週平均40時間以内で定めるのが原則です。今回の改正で、労使協定によって、清算期間内における所定労働日数に8時間かけた時間数とすること（所定労働日方式）が可能になりました。

　例えば、3月など暦日数が31日ある月で土・日が8日しか

なければ、23×8＝184時間とするものです。労使協定がなく、原則の場合は177時間以下にしなければなりません。

清算期間に実際に働いた時間が、週平均40時間を超えれば、法定時間外労働となります。所定労働日方式では、清算期間における所定労働日×8時間を超えた部分が法定時間外労働となります。曜日の関係で週平均40時間を超えなくても法定時間外労働になるので注意が必要です。

また、清算期間が1カ月を超える場合には、清算期間全体では週平均40時間以内であっても、1カ月平均50時間を超える場合には、超えた部分は法定時間外労働となります。

フレックスタイム制のしくみ

清算期間の延長

最長1カ月 最長3カ月

清算期間が1カ月を超える場合の要件
- 1カ月ごとの期間の労働時間が週平均50時間を超えないこと。
  ＊超えた場合は時間外労働となり、36協定、割増賃金が必要。
- 清算期間より働いた期間が短い労働者には、週平均40時間を超えた時間に対して、割増賃金を支払うこと。
- 労使協定を労働基準監督署に届け出ること。

清算期間における労働時間の決め方
- これまで、清算期間における労働時間の上限は、
  （40/7）× 当該清算期間の暦日数
- あらたに、労使協定で定めた場合は、
  8 × 当該清算期間の所定労働日数（週5日制相当であること）
  ＊1カ月単位の場合、曜日の関係で、平均週40時間超えも可能に

22 1年単位の変形労働時間制

▶ 仕事の繁閑でメリハリをつける

　高度プロフェッショナル制度などのほかに、1日8時間、1週40時間を超えて働かせられる制度として、「変形労働時間制」があります。

　1カ月単位の導入企業が22.3％、1年単位の導入企業が35.3％です。1カ月単位は、交代制職場や特定の時期（月末など）が忙しい職場で利用されています。

　1年単位は、業務の繁閑に応じ、あらかじめ所定労働時間や所定休日を調整して、繁忙期の残業を減らし、年間を通じた総実労働時間を減少させるのが目的です。つまり仕事の繁閑で、メリハリをつけるということです。

　なお、変形労働時間制は、日々の労働時間は、就業規則や期間ごとの指定によって事業者が定めるので、労働者の裁量を高めるための制度ではありません。

▶ 労働時間を減らすように運用する

　1年単位の変形労働時間制を導入する場合には、労使協定を締結し、労働基準監督署に届け出ることが必要です。

　労使協定では、対象労働者の範囲、変形制の期間と起算日、所定労働日と、その所定労働時間、協定の有効期間などを定めます。この場合に、変形制の期間を通じた所定労働時間は1週平均40時間以下、1日は10時間以下、1週は

52時間以下、連続労働日は6日以下などの限度があります。

　労使協定で定めた範囲内ならば、1日8時間、1週40時間を超えても法定時間外労働にはなりません。なお閑散期には、1日8時間、1週40時間以内であっても、変形期間を通じて週平均40時間を超える部分は、法定時間外労働になるので注意が必要です。

　この制度は、あらかじめ業務の繁閑に応じて労働時間を設定するので、残業をなくし、年間総実労働時間を減らすように運用されることが望まれます。

1年単位の変形労働時間制

業務の閑散期	業務の繁忙期
所定労働時間短縮・所定休日増加	所定労働時間延長・所定休日削減

年間総実労働時間縮減
繁忙期の残業縮減

- 労使協定の締結・届け出
- 労使協定であらかじめ所定労働日及び所定労働日ごとの労働時間を定める
- 対象期間を通じて、所定労働時間は、平均1週あたり40時間以下
- 変形制の対象期間の労働日数の限度は、1年あたり280日
- 連続して労働させることができる日数の限度は、6日
- 1日の所定労働時間の限度は、10時間
- 1週間の所定労働時間の限度は、52時間
- 連続して1週間の所定労働時間が48時間超の限度は、3週間

高度プロフェッショナル制度検討のための
チェックポイント

基本姿勢

- [x] **高度プロフェッショナル制度の導入によって、事業者が、労働時間規制とかかわりなく、労働者を自由に働かせようとしていないか**
  ⇒この制度は、労働者が専門性を活かし自律的に働く制度で、事業者は働く時間などを指示できない。

- [x] **制度の導入で、働き方を変えぬまま、残業代を減らそうと考えていないか**
  ⇒この制度は、働き方の選択で賃金が減ることの内容に適正な処遇を確保する考え方で制度設計されており、残業代を減らすためのものではない。
  ⇒制度導入にあたっては、労使委員会で、この考え方に即して、賃金制度、賃金水準を十分に検討する必要がある。

- [x] **高プロ制度は働き方を労働者の自主性にゆだねるので、長時間労働やその結果としての健康障害に関して、雇用主の責任はないと考えていないか**
  ⇒この制度の労働者にも、労働安全衛生法や労働契約法による事業者の安全配慮義務はある。

対象業務

- [x] **高プロ制度の対象として定められている5業務に該当しているか**
  ⇒対象業務は、次の5業務に限定されており、専門性が高くても、該当しなければ対象にできない。
  - 金融商品の開発業務
  - 資産運用・証券取引の業務
  - 証券アナリストの業務

- コンサルタントの業務
- 研究開発の業務

☑ **金融商品の開発業務の場合、金融工学、統計学、数学、経済学等の知識を活用した確率モデルの作成・更新、シミュレーションの実施・検証等を駆使する業務か**
⇒金融商品の販売・提供・運用の企画立案、アクチュアリーが通常行う業務、既存商品の組み合わせのみの開発、専らデータ入力・整理の業務などは対象とならない。

☑ **資産運用・証券取引の業務の場合、金融知識等を活用し、自らの投資判断によって、資産の運用を行う業務、有価証券の売買等の取引を行う業務か**
⇒資産運用会社等のファンドマネージャー、トレーダー、証券会社等のディーラーの業務は該当する。
⇒投資判断を伴わない顧客からの注文の取り次ぎ、ファンドマネージャー等からの指示を受けて行う業務、金融機関の窓口業務、個人顧客に対する金融商品の販売・勧誘、金融市場に張り付いて行う業務、指示された取引額・量を処理するために取引を継続しなければならない業務、金融機関以外の会社における自社資産の管理・運用などは対象とならない。

☑ **証券アナリストの業務の場合、有価証券等に関する高度の専門知識と分析技術を応用した分析、分析結果に基づく評価、評価結果に基づく運用担当者等への助言、投資判断レポートの作成等の業務か**
⇒一定の時間を設定して行う相談業務、専らデータの入力・整理の業務は対象とならない。

☑ **コンサルタントの業務の場合、顧客の事業運営に関する重要事項に関する調査・分析を行い、事業・業務の再編、社内制度の改革など経営戦略に直結する業務改革案の提案、**

チェックリスト ❸

- **実現に向けた支援を行う業務か**
  ⇒調査・分析のみを行う業務、助言のみを行う業務、専ら顧客の都合に合わせざるを得ない相談業務、個人顧客に対する助言、商品・サービスの営業として行う業務、上席の指示などにより時間配分などの裁量がないチームメンバーとしての業務、サプライヤーの代理店に対する助言・指導は対象とならない。
- ☑ **研究開発の業務の場合、専門的・科学的知識・技術を有する者により、新たな技術の研究開発、新たな技術を用いた管理方法の構築、新素材・新型モデル・新型サービス研究開発の業務であるか**
  ⇒上司の指示などでスケジュールが決められる業務、技術的改善を伴わない業務、既存技術等の単なる組み合わせの業務、他社のシステムの単なる導入の業務、既存の生産工程の維持・改善の業務、検査・品質管理の業務、特許等の事務、既知の技術による指導、実験準備等の業務は対象とならない。

対象労働者の年収

- ☑ **対象労働者の範囲について、職務範囲が明確に定められ、年収見込みが1075万円以上である者か**
  ⇒決議においては、それぞれの事業場の実態や対象業務の性質等を踏まえて、高度プロフェッショナル制度の対象とすることが適切な者を定める必要がある。その際、一定の職務経験、資格などを要件とすること、年収を1075万円より高く設定することなども考えられる。

年収1075万円以上の確保

- ☑ **対象労働者は、年収の見込みが1075万円以上の人であるか**
  ⇒就業規則・労働契約によって支払われることが確実に見

込まれる賃金が1075万円以上でなければならない。
- ☑ **年収の見込みに、勤務成績、成果、業績によって支払われる賞与、手当等を含めていないか**
  ⇒賞与、業績手当等は、最低保証額がある場合以外算入できない。
  ⇒前年実績等を用いることはできない。
- ☑ **制度の対象にする際に、賃金が減少していないか**
  ⇒制度適用によって、適用前の残業手当などを含めた賃金に比べて、賃金が減らないようにすることが必要である。

職務の明確化

- ☑ **対象労働者の職務を明確に記載した職務記述書を示し、労働者に署名をさせることができるか**
  ⇒当該労働者の業務内容、責任の程度、職務で求められる成果の水準が具体的に記載しなければならない。
  なお、水準は、できる限り客観的なものとすることが求められる。
- ☑ **職務内容は働き方の裁量を失わせるような業務量や成果を求めるものとならないか**
  ⇒実質的に裁量性を失わせるようなものは許されない。
- ☑ **職務記述書に記載した職務以外のものを事業者、上司の指示で付け加えるような運用にならないか**
  ⇒あらかじめ定めた職務に限定される。

具体的な業務指示をしない

- ☑ **対象労働者について、通常の所定労働日や始業・終業時刻は適用しないことを明確にできるか**
  ⇒高プロ制度は労働日や労働時間を労働者の選択にゆだね、あらかじめ定めた職務の遂行を求めるものであり、事業者が働く日や時間を指定することはできない。

チェックリスト ③

☑ **対象労働者の上司に対して、高プロ制度を理解させ、業務の追加をしないこと、業務遂行方法について具体的指示をしないこと、働く日や時間を指示しないことを徹底できるか**
⇒この制度が適切に運用されるには、上司の理解、適切な対応が不可欠である。
⇒なお、業務の目的、目標、期限等の基本的事項を指示すること、中間報告を受けて基本的事項の変更を指示することは可能である。

高度プロフェッショナル制度は、決して労働者を長時間働かせるための制度ではありません

裁量労働制に関する
チェックポイント

基本姿勢

- [ ] **裁量労働制の導入によって、事業者が、労働時間規制とかかわりなく、労働者を自由に働かせようとしていないか**
  ⇒業務遂行方法や日々の労働時間を労働者の裁量にゆだねる制度であり、事業者が働く時間などを指示できない。
- [ ] **裁量労働制の導入によって、働き方を変えないまま、残業代を減らそうと考えていないか**
  ⇒労働の実態を踏まえて、労使委員会・労使協定で定めた時間働いたものとみなす制度であり、残業代を減らすためのものではない。
- [ ] **裁量労働制は働き方を労働者の自主性にゆだねる制度なので、長時間労働やその結果としての健康障害に関して、雇用主の責任はないと考えていないか**
  ⇒裁量労働制の労働者についても、労働安全衛生法や労働契約法による事業者の安全配慮義務はある。

制度導入まで

専門業務型の導入手続き

- [ ] **労使協定を締結して、様式第13号により、労働基準監督署長に届け出ているか**
  ⇒専門業務型の導入には、労使協定の締結・届け出が必要。
  ⇒届け出ないと効力はなく、各労働者の実際の労働時間による労働時間管理が必要になる。
- [ ] **労使協定で、必要な事項が定められているか**
  ⇒労使協定で定める事項は次の通り（内容はそれぞれの項目を参照）。
    - 対象業務

- 業務遂行の手段や方法、時間配分等に関し労働者に具体的な指示をしない旨
- 1日当たりの労働時間としてみなす時間
- 対象労働者の労働時間の状況に応じて実施する健康・福祉を確保するための措置の具体的内容
- 苦情の処理のため実施する措置の具体的内容
- 協定の有効期間
- 労働者ごとに講じた健康・福祉、苦情処理に関する措置の記録を協定の有効期間およびその期間満了後3年間保存する旨

専門業務型の対象業務

☑ **対象業務は、専門業務型裁量労働制の対象として定められている19業務に該当しているか**
⇒専門業務型裁量労働制の対象は、労働基準法施行規則第24条の2の2第2項で定める業務及び同項に基づき厚生労働大臣が指定する業務(平成9年2月14日労働省告示第7号参照)に限定されている。
⇒専門性が高い業務であっても、19業務に該当しなければ、対象にできない。

☑ **対象労働者の業務内容は、労働基準法施行規則第24条の2の2第2項等で具体的に規定されている業務に該当しているか。対象業務以外の業務が含まれていないか**
⇒例えば、システムエンジニアの業務は、「情報処理システム(電子計算機を使用して行う情報処理を目的として複数の要素が組み合わされた体系であってプログラムの設計の基本となるものをいう。)の分析又は設計の業務」であり、プログラマーの業務は含まれない。
⇒デザイナーの業務は、「衣服、室内装飾、工業製品、広告

等の新たなデザインの考案の業務」であり、考案されたデザインに基づき、単に図面の作成、製品の制作等の業務を行う者は含まれない。
⇒疑問がある場合には、施行規則・告示の文言や施行通知を確認する必要がある。
⇒また、労働者の業務内容に対象業務と対象でない業務が混在している場合は、当該労働者は対象とならない。

専門業務型の対象労働者

☑ **対象労働者は、当該専門業務を遂行する十分な専門知識を有しているか**
⇒裁量労働制では、労働者が自らの判断で業務遂行方法を決めて、業務を行うので、それに必要な専門知識を有していなければならない。
⇒例えば、入社1年目で記者の職に従事している場合に、上司・先輩の指導を受けながら業務を行っているような人は対象とならない。対象労働者は、専門的業務を1人で遂行できる能力がある人に限られる。

企画業務型の導入手続き

☑ **労使委員会で委員の5分の4以上の多数による議決による決議をし、労働基準監督署に届け出ているか**
⇒企画業務型の導入には、労使委員会の決議・届け出が必要。
⇒届け出ないと効力はなく、各労働者の実際の労働時間による労働時間管理が必要になる。

☑ **労使委員会決議で、必要な事項が定められているか（内容はそれぞれの項目を参照）**
⇒労使委員会決議事項は次の通り。
- 対象業務
- 対象労働者
- 1日当たりの労働時間としてみなす時間

- 対象労働者の労働時間の状況に応じて実施する健康および福祉を確保するための措置の具体的内容
- 苦情の処理のため措置の具体的内容
- 本制度の適用について労働者本人の同意を得なければならない旨および不同意の労働者に対し不利益取り扱いをしてはならない旨
- 協定の有効期間（3年以内とすることが望ましい）
- 企画業務型裁量労働制の実施状況に係る記録を決議の有効期間中およびその満了後3年間保存する旨

企画業務型の対象業務

☑ **企画業務型を導入している事業場は、本社・本店、あるいは、事業運営に大きな影響を与える決定が行われる事業場か**
⇒企画業務型は、本社・本店以外では、企業全体の業務運営に大きな影響を及ぼす決定が行われる事業場（第2本社など）、本社・本店の具体的な指示を受けず、独自に、当該事業場に係る事業の運営に大きな影響を及ぼす事業計画や営業計画の決定を行っている支社・支店等に限られる。
⇒本社等の具体的指示を受けて業務を行う支店、営業所は対象にならない。

☑ **対象労働者の業務内容は、事業運営に関する事項についての企画、立案、調査、分析の業務か、それ以外の業務が含まれていないか**
⇒対象業務は、企画、立案、調査、分析に限られており、これ以外の業務を行う労働者は対象にならない。
⇒企画部門に属する労働者であっても、補助的な業務、実施業務を担当する者は対象とならない。
⇒例えば、企画部門の庶務担当、人事部門で人事記録作成、研修部門での研修講師などの担当、営業企画部門で自ら営業も担当する者などは対象とならない。

チェックリスト ❹

企画業務型の対象労働者

☑ **対象労働者は、当該企画業務を遂行する十分な専門知識を有しているか**
⇒裁量労働制では、労働者が自らの判断で業務遂行方法を決めて、業務を行うので、それに必要な職務経験を有していなければならない。
⇒目安として、3ないし5年程度の職務経験が必要であり、例えば、総合職採用であるとして、新入社員を対象にすることはできない。

みなし時間の設定（共通）

☑ **労使委員会決議・労使協定において、1日当たりのみなし労働時間を決めているか**
⇒裁量労働制は、法定休日以外の日に働いた場合について、その日の労働時間を1日単位でみなし時間で算定するものである。
⇒したがって、労使委員会等で定めるみなし時間は1日当たりでなければならない。例えば1日9時間というように定める。
⇒1カ月当たりの残業時間を、例えば、30時間というように定めることはできない。

☑ **1日当たりのみなし時間は、当該業務に従事している労働者の労働時間の状況を踏まえて、労使で十分話し合って決めているか**
⇒みなし時間の設定は、労働時間を正確に把握して平均する必要はないが、実際の労働時間の状況を踏まえたものでなければならない。そのため、実情をよく知っている労使の話し合いで決めることとした。

☑ **ある程度残業があるのにもかかわらず、所定労働時間とみなす協定となっていないか**
⇒裁量労働制は、実際には所定労働時間を超えて働いてい

るのにも関わらず残業代を支払わずに済ませる制度ではない。ほとんどの労働者がある程度残業をしている状況ならば、所定労働時間とみなすのは不適当である。

☑ **同じ事業場で複数の裁量労働制の対象業務がある場合に、業務ごとの労働時間の状況に差があるにもかかわらず、すべて同じみなし時間としていないか**
⇒業務ごとに違いがあるのであれば、それぞれごとの、実態に応じてみなし時間を設定しなければならない。

健康福祉確保措置（共通）

☑ **労使委員会決議・労使協定において、健康・福祉確保処置として、具体的なものが定められているか**
⇒当該事業場の対象労働者の勤務状況を踏まえて、必要である健康・福祉確保措置を定めなければならない。
- 健康確保措置のリスト
- 一定時間を超えた労働者に対する医師の面接指導
- 1カ月における深夜業の回数制限
- 一定の勤務間インターバルの確保
- 勤務状況・健康状態に応じた代償休日・特別休暇
- 勤務状況・健康状態に応じた健康診断
- 年休の連続取得促進
- 心とからだの健康相談窓口設置
- 勤務状況・健康状態に配慮した配置転換
- 産業医等による助言・指導、保健指導

☑ **労使委員会決議、あるいは労使協定において、対象労働者の勤務状況およびその健康状態に応じて、当該労働者への裁量労働制の適用について必要な見直しを行う旨を定めているか**
⇒裁量労働制は、業務遂行方法や労働時間について、労働者の裁量にゆだね、自律的で効率的な働き方を目指す制度であるが、労働者の中には、長時間労働をいとわないなど、制度の趣旨に即した働き方に適さない者もいる。

そのような労働者は、事業者が労働時間管理を行い、健康確保を図る必要があるので、このような仕組みを入れることが望ましい。

苦情処理（共通）

☑ **労使委員会決議・労使協定において、対象労働者からの苦情の申し出の窓口及び担当者、取り扱う苦情の範囲などが定められているか**
⇒労働者が制度に関して不満がある場合に、容易に苦情相談ができるように、窓口、担当者、取り扱う苦情の範囲、処理の手順・方法等を具体的に定める必要がある。
⇒取り扱う苦情の範囲には、対象労働者の評価制度、賃金制度なども含めることが適当である。

対象労働者の同意（企画業務型）

☑ **労使委員会決議において、本人の同意が必要であること、同意の手続き、不同意の場合に不利益取扱しないことを定めているか**
⇒決議内容として義務付けたことによって、企画業務型は本人同意を要件とすることとしたものである。決議にこの旨の定めがない場合には有効な決議とならない。
⇒同意の手続きにおいては、制度の概要、評価制度、賃金制度、同意しない場合の配置及び処遇などを明示することとすることが適当である。
⇒また、同意は、決議の有効期間ごとに行うべきである。

☑ **制度の適用にあたっては、対象労働者から、個別に同意を得ているか**
⇒労働協約や就業規則による包括的同意では不十分である。

有効期間（共通）

☑ **労使委員会決議・労使協定の有効期間として具体的な期間が定められているか**

⇒裁量労働制の運用状況を踏まえて、労使で、定期的に、制度の評価、見直しに関して話し合うことが必要であるので、有効期間は3年以内とすることが適当である。

労働基準監督署への届け出

☑ **労使委員会決議・労使協定を労働基準監督署に届け出ているか**
⇒決議・協定は、所定の様式によって、労働基準監督署に届け出なければならない。
⇒届け出をしていないと効力はなく、みなし時間による労働時間の算定はできない。

労使委員会決議・労使協定の周知

☑ **労使委員会決議・労使協定を労働者に周知しているか**
⇒事業者は、労使委員会決議・労使協定を労働者に周知する義務がある。
⇒これは、対象労働者に限らず、すべての労働者に対する周知である。

36協定の締結・届け出

☑ **8時間を超えているみなし時間としている場合について、36協定を締結・届け出しているか**
⇒裁量労働時間制は、労働時間の算定の制度であり、みなし時間で算定した結果、法定労働時間を超えることとなる場合には、別途、36協定の締結・届出が必要である。
⇒例えば、みなし時間が9時間であれば、36協定で1日の限度を1時間、1カ月、1年の限度は所定労働日数等を勘案した時間数とする必要がある。

☑ **所定労働日以外の勤務を許容している場合、36協定を締結・届け出しているか**
⇒週に6日勤務した場合には、（みなし時間×6）時間働いたものとみなされる。したがって、仮にみなし時間が8

時間であっても、週8時間の時間外労働をしたことになるので、36協定では、1日の限度0時間、1カ月の限度8時間×所定休日労働を許容する日数とする必要がある。

- [x] **法定休日の勤務を許容している場合、36協定で休日労働について協定しているか**
    ⇒みなし労働時間は、法定休日には適用されないので、法定休日に働くことを許容している場合には、36協定で休日労働について協定する必要がある。

制度の運用

業務遂行・時間配分に関する裁量の確保

- [x] **対象労働者について、通常の始業・終業時刻は適用しないことを明確にしているか**
    ⇒裁量労働制は、日々の労働時間の配分の決定を労働者にゆだねる制度であり、通常の始業・終業の時刻を適用することはできない。制度として明確にしておく必要がある。
    ⇒また、始業時刻にいないことなどを人事評価においてマイナス評価することも適当でない。
- [x] **対象労働者の上司に対して、裁量労働制を理解させ、業務遂行方法について具体的指示をしないこと、日々の働く時間やいわゆる残業を指示しないことを徹底しているか**
    ⇒裁量労働制が適切に運用されるためには、上司の理解、適切な対応が不可欠である。
    ⇒なお、上司が具体的な指示をしなければ業務に支障が生じるような職場・業務は裁量労働制に適さないので、見直しが必要である。

労働時間の算定と割増賃金の支払い

- [x] **各月ごとに、出勤日を確認して、みなし時間×出勤日によって、その月の労働時間を算定しているか（週1日ないし4**

週4日の法定休日が確保されている場合）
⇒みなし労働時間は、1日当たりの労働時間の算定なので、出勤日を掛けて、週、月、年の労働時間を算定する。
⇒例えば、週休2日制、みなし時間9時間の事業場で、土曜日に出勤して6日働いた場合は、9時間×6日＝54時間働いたと算定することとなり、時間外労働は14時間となる。
⇒仮に、土曜日は残務処理で半日しか働かなくても、法律的には9時間働いたことになる。
⇒また、仮に、みなし時間が8時間の場合にも、6日働いた週は8時間の時間外労働となり、その分の割増賃金の支払いが必要である。

- ☑ **法定休日に働いた場合には、法定休日における実際の労働時間を客観的に把握した上で、法定休日労働として割増賃金を支払っているか**
  ⇒みなし労働時間は、法定休日には適用されないので、実際に働いた時間を把握しなければならない。
- ☑ **深夜時間（午後10時から午前5時まで）に実際に働いた時間を把握し、その時間数に応じた深夜割増賃金を支払っているか**
  ⇒深夜業の割増賃金の規定は、みなし労働時間の場合にも適用されるので、実際の労働時間を把握し、割増賃金を支払わなければならない。

労働時間の状況の把握

- ☑ **労働者ごとに、労働時間の状況を把握しているか**
  ⇒労働時間の状況は、対象労働者の健康確保措置を講じるために必要であるとともに、労働安全衛生法において把握が義務付けられている。
- ☑ **労働時間の状況の把握は、客観的な方法で行っているか**
  ⇒原則として、タイムカードによる記録、パソコンのログイン・ログアウトの記録、事業者の現認等の客観的な方

法で行わなければならない。
⇒労働者の自己申告による把握は、やむを得ない場合に限られる。

- [x] **やむを得ず自己申告制とする場合に、適正な申告が行われ、労働時間の状況を把握できるようにしているか**
    ⇒適正な自己申告がなされるよう、次のような対応が必要である。
    - 労働者に労働時間の状況を正しく記録し、適正に自己申告するよう十分説明する。
    - 管理者に自己申告制の適正な運用等について十分説明する。
    - 自己申告と実際の労働時間の状況について、必要に応じ実態調査し、所要の補正をすること。
    - 事業場内にいる時間等であって自主申告で除外した時間について、労働者から適正に報告されているか確認すること。その際、自主的な研修等と報告された時間が、実際には事業者・上司の指示によるものでないか確認すること。
    - 労働者が自己申告できる労働時間の状況に上限を設けるなど適正な申告を阻害する措置を講じてはならないこと。

健康・福祉確保措置

- [x] **各労働者の勤務状況や健康状態を把握しているか**
    ⇒労働時間の状況は労働安全衛生法によって把握が義務付けられているが、適切な健康・福祉確保措置を講じるためには、労働時間の状況を含めた勤務状況や健康状況を把握することが必要である。
    ⇒定期的に労働者の健康状態をヒアリングするなどの適切な対応が求められる。
- [x] **労使委員会決議・労使協定で定めた健康・福祉確保措置を講じているか**

⇒ 決議・協定で定めている健康・福祉確保措置は確実に実施しなければならない。
⇒ 各労働者の勤務状況や健康状態に応じて講じる措置については、適切に状況を把握した上で、定められた措置を講じなければならない。
⇒ 相談窓口の設置など、状況にかかわらず講じる措置は、必ず実施しなければならない。

☑ **勤務状況・健康状態を把握し、制度全体の運用状況を評価しているか。その結果、制度の見直しが必要ではないか**
⇒ 個別の労働者への対応では解決できない状況であれば、制度全体の見直しを検討する必要がある。

苦情処理の実施

☑ **労使委員会決議・労使協定で定めた苦情処理制度を設け、対象労働者に周知し、苦情の申し出があった場合には、迅速・適切に対応しているか**
⇒ 苦情処理制度は対象労働者が躊躇なく利用でき、問題を迅速に解決するものでなければならない。

記録の保存

☑ **対象労働者ごとの労働時間の状況、健康・福祉確保措置の状況、苦情処理の状況、同意の状況（企画業務型のみ）について、記録を作成し、有効期間の終了後3年間保存しているか**
⇒ 決議・労使協定で定めたところによって、記録を保存しなければならない。

実施状況の報告（企画業務型）

☑ **裁量労働制の実施状況に関し、6カ月ごとに、様式第13号の4により、対象労働者の労働時間の状況および健康、福祉を確保する措置の実施状況を労働基準監督署に報告しているか**
⇒ 当分の間、6カ月ごとの報告が義務付けられている。

企画業務型裁量労働制・高度プロフェッショナル制度等の労使委員会チェックポイント

労使委員会の設置

- [ ] **労使委員会設置に関する労働者側の代表は適切か**
  ⇒事業場に労働者の過半数で組織する労働組合がある場合
  　── 当該労働組合
  ⇒過半数で組織する労働組合がない場合 ── **過半数代表者**
  ＊労働者代表に関するチェックポイント参照、56P

- [ ] **労使委員会設置に際し、事前に、労働者側の代表と設置に関する日程、手順、便宜供与などについて十分に話し合ったか**
  ⇒労働者側の代表が適切に委員の指名ができるようにするために必要。

- [ ] **労使委員会の委員の半数については、労働者側の代表が指名したか**
  ⇒半数は労働者の代表でなければならない。

- [ ] **労働者側の代表が指名した委員に、人事部長、研究所長などの労働基準法の管理監督者が含まれていないか**
  ⇒労働者側の代表が指名した委員は全員一般の労働者でなければならない。

- [ ] **労使を代表する委員は、それぞれ、2人以上いるか**
  ⇒労使1名ずつ、全体で2名の委員会は認められない。

労使委員会の運営規程

- [ ] **労使委員会の同意を得て、同委員会の運営規程を作成しているか**
  ⇒委員会の招集（定例および臨時）、定足数、議長選任、決議方法などを定めること。

- [ ] **定足数に関し、議決する場合には、労使それぞれについて、一定の出席を必要とする定めとしているか**

⇒ 企画業務型裁量制、高度プロフェッショナル制度などに関し、出席委員の5分の4で議決する際に、労使委員の出席に大きな偏りがないようにするため。

- [x] **労使委員会に対する情報の開示について、必要な定めをしているか**
  ⇒ 労使委員会で高度プロフェッショナル制度などの実施状況を適切に調査審議するためには、必要な情報の開示が不可欠である。

労使委員会の議事録

- [x] **労使委員会の開催ごとに議事録を作成しているか**
  ⇒ 議事録の作成が義務付けられている。
- [x] **議事録は、労働者に周知しているか**
  ⇒ 議事録の周知が義務付けられている。
- [x] **議事録を3年間保存しているか**
  ⇒ 原則として、委員会の開催日から3年。
  ⇒ 制度に関する5分の4の議決をした場合には、その議決による制度の有効期間の終了日から3年間。

不利益取り扱い禁止

- [x] **労使委員会の委員になったこと、委員として正当な活動をしたことを理由とした不利益取り扱いをしていないか**
  ⇒ これらの不利益取り扱いは禁止されている。

柔軟な労働時間制度で起こりうる法違反

　高度プロフェッショナル制度は、労働基準法の労働時間等の規定が適用除外され、1日8時間・週40時間を超えて働く日や週があっても違反とはなりません。

　これは、労使委員会の決議が法定の要件に合致していて、かつ、決議内容に即した運用がなされている場合に限られます。例えば、決議で対象とした業務以外に従事している者を対象に含めた場合、職務記述書で定めた職務以外の仕事を指示した場合、104日の休日を確保しなかった場合などは、要件違反のため、適用除外の効果はなく、32条などの違反が成立します。

　裁量労働制は、労働時間の算定においてみなし時間を用いる制度です。仮に1日10時間働いた日があっても、労使委員会決議・労使協定で9時間と定められていれば9時間働いたものとみなされます。

　これも、法定の要件に合致している場合に限られますので、対象業務に該当しない場合、裁量性がない場合などには、実際に働いた時間に基づいて算定することとなり、その結果32条や37条の違反が成立することがあります。

第 4 章

年次有給休暇の制度、労働者の健康確保

23 年次有給休暇の現状と課題

▶ 年休取得をためらう日本人

　日本における年休の平均付与日数は18.2日で、取得日数は平均約9日、取得率は約5割。取得率は、平成初期には55％程度でしたが、その後低下、近年5割に満たない状態が続きましたが、最近上昇に転じました。
「年休取得にためらいを感じる」が2割超、「ややためらいを感じる」が4割超で、労働者の6割以上がためらいを感じています。理由は、「みんなに迷惑がかかるから」が7割超、次いで、「後で多忙になるから」が4割超、「職場の雰囲気で取得しづらい」が3割弱です。

▶ 完全取得させる欧州諸国

　別調査では、年休を取り残す理由は、「病気や急な用事のために残しておく必要があるから」約64％、「休むと職場の他の人に迷惑になるから」約60％、「仕事量が多すぎて休んでいる余裕がないから」約53％、「休みの間仕事を引き継いでくれる人がいないから」約47％などです。
　欧州諸国では、勤続年数にかかわらず、20～30日の年休が付与され、基本的にはすべて取得されています。これは、労働者の希望を聞くなどしたうえで、事業者の責任で年休を完全取得させているからです。

年次有給休暇の現状

年休付与日数・取得日数・取得率の推移

(資料出所) 厚生労働省「就労条件総合調査」
(注) 1)「対象労働者」は「常用労働者」から「パートタイム労働者」を除いた労働者である。
2)「付与日数」には、繰越日数を含まない。
「取得率」は、全取得日数／全付与日数×100（％）である。

年休取得をためらう理由（複数回答）

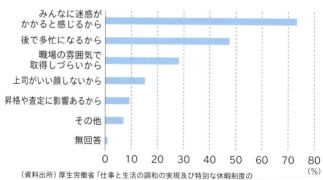

(資料出所) 厚生労働省「仕事と生活の調和の実現及び特別な休暇制度の普及促進に関する意識調査」（平成26年）

24 年休制度

▶ 時季指定権と時季変更権

　労働基準法では、6カ月以上継続勤務し、前年度に8割以上出勤した労働者に、初年度10日、その後2年間は1日ずつ、その後は2日ずつ増加して、最大20日の年休が付与されることになっています。

　非正規労働者は、通常の労働者より勤務時間は短くても、勤務日数が同じであれば、同じ年休が付与されます。勤務日数が少ない場合は、少ない日数に比例した年休が付与されます。例えば、週3日勤務ならば、初年度は5日、最大で11日です。

　年休をいつ取得するかは、基本的に労働者の権利であり、自ら指定できます（時季指定権）。ただし、指定日に休まれると事業が滞る場合に限り、例外として事業者は変更できます（時季変更権）。

　また労使協定により、年休のうち5日を除いたものについて、協定で定めた方法、時期に付与する制度（計画的付与制度）を導入できます。

▶ 年に5日取得させるのが義務に

　このように、事業者は毎年度勤続年数に応じて年休を付与しなければなりませんが、いつ取得するかは労働者の時季指定によるもので、実際に年休が取得されなくても、法

的には問題にならないという制度となっていました。

　しかし、今回の改正によって、事業者は必ず少なくとも年休を5日は取得させなければならない義務が創設されました。

年次有給休暇の付与

- 6カ月以上継続勤務した労働者に年休を付与

初年度	2	3	4	5	6	7年度以降
10日	11日	12日	14日	16日	18日	20日

- 年休は、原則として、労働者が指定した時季に取得する（時季指定権）
  その時季に取得させると事業の遂行を阻害する場合は、事業者が変更できる（時季変更権）
- 労使協定により、協定で定めた方法、時季に付与する制度（計画的付与制度）

労働者が時季指定しない場合は年休は取得されなかった

↓

労働基準法改正により**年休を取得させる義務**を創設

25 年休を取得させる義務

▶ 年休付与が10日以上で義務化

　事業者は、年休付与日数が10日以上の労働者には、5日以上の年休を取得させる義務があります。一般労働者や週5日勤務のパート労働者は、初年度の付与が10日なのですべて対象です。勤務日数が少ないパートも、勤続年数が長くなり、付与が10日になった年度から対象になります。

　事業者は、年休のうち5日は、各労働者にいつ年休を取得したいか希望を聞いたうえで、なるべく希望に沿うよう、他の労働者の希望や業務との関係を調整して、具体的な日を指定します。また、事業者は年休付与年度の早い時期に、このような手続きを経て、各労働者の年休取得時季を指定する必要があります。

▶ 年休の計画的付与

　年休の計画的付与制度は、各事業場において、労働者代表との合意によって、各労働者の年休のうち5日を除くぶんについて、年休の取得日を決める仕組みです。

　この制度によって取得時季が決められている場合、その日数に関しては事業者が時季指定する必要はありません。計画的付与によって5日以上の取得が決められていれば、今回の改正による義務を履行していることになります。

　また、労働者が時季を指定して取得した場合には、事業

者はその日数分は時季指定して取得させる必要がありません。つまり労働者が自分で5日以上時季指定して取得していれば、この義務はなくなります。

　年休は、労働者が働く義務がある、企業の所定労働日に取得させなければなりません。事業者が既存の企業休日である、夏休み、年末・年始休み、創業記念日などを指定して年休を取得したことにするような扱いは許されません。

　年休を取得させる義務が創設されたこと、取得促進には、そもそも状況の把握・管理が必要なことから、新たに年休の取得状況を記載する年休管理簿を作成しなければならなくなりました。これは労働基準法・規則に基づき作成が義務づけられる書類で、賃金台帳などと同じように3年間の保存義務があります。

年休を取得させる義務

- 事業者は、年休のうち5日について、時季を指定して、取得させなければならない。
- 年休を確実に取得させるため、年休管理簿の作成を新たに義務化。

留意事項
- 対象は、年休付与日数が10日以上の労働者。
- 事業者は、時季指定する際に、各労働者の希望を聴取し、できるだけ希望に沿うようにしなければならない。
- 計画的付与制度によって5日以上の年休の取得日が決まる場合には、この義務を果たしたことになる。
- 労働者が時季指定をして年休を5日以上取得した場合には、この義務を果たしたことになる。
- 年休は、働く義務がある所定労働日に取得させなければならない。

26 年休取得促進のために

▶ トップが年休取得できる体制にする

　日本の年休取得率は5割程度にとどまります。最低5日は事業者の責任で取得させることが義務付けられましたが、本来完全取得されるべきものです。企業は、新たな義務の履行だけではなく、完全取得への取り組みが必要です。

　まず企業トップが、年休取得に向けた指導力を発揮します。取得にためらいを感じる人が多い状況を変えるため、社内で年休の完全取得を共通理解としていくことが必要なのです。また、年休を取得すると職場に迷惑がかかる、後で多忙になると考える人も多いので、完全取得を前提とした職場の人員体制、業務体制とすることも大切です。

▶ 完全取得のための労使の話し合い

　そのうえで、労使で話し合い、計画的付与制度を導入することは、年休取得の促進方法として有効です。新たに義務付けられた5日にとどまらず、広く活用に向けた話し合いが望まれます。また、労働者が自ら時季指定することを促すため、各企業において、週休日や祝日に年休を加えて連続休暇とする方法（プラスワン休暇）、GW、夏休み、シルバーウィークなどに1週間以上の長期休暇を取得する方法、学校行事や地域のお祭りの際に取得する方法など、さまざまな工夫がされることが望まれます。

年休取得促進のために

年休は本来完全取得するもの
＊欧米では当然の前提

- トップのリーダーシップ
- 職場の共通理解

年休完全取得を前提とした業務体制

年休の取得形態
- 連続取得して旅行など
- 1日単位で取得して日々の用事など
  ＊ILO条約では2週間以上の連続取得義務

| 計画的付与制度の活用 | プラスワン休暇 |
| 四季折々の連続休暇 | キッズウィーク |

企業のトップが
休みやすい会社にするために
指導力を発揮しなければなりません

27 労働者の健康状況

▶ 増え続ける有所見率

　職場の定期健康診断における有所見率は、労働者の高齢化などが要因で、平成3年の27.4％から年々上昇しています。有所見者が多い診断項目は、血中脂質、血圧、肝機能、血糖などです。また、国民生活基礎調査によれば、労働力人口の約3分の1は何らかの疾病を持ちながら働いています。高血圧330万人、糖尿病160万人、アレルギー114万人、メンタル65万人、心疾患82万人、がん31万人などです。

▶ 健康経営を目指す

　近年、労働者のメンタルヘルスやストレスへも関心が強まっています。労働者の59.5％が、仕事の質・量、仕事の失敗・責任の発生、セクハラ・パワハラを含む対人関係、役割・地位の変化等などで強いストレスを感じています。

　業務上疾病は、長期的には低下してきていますが、近年は7000人台で推移しており、平成28年には7361人でした。最も多いのは、腰痛4722人で、ほかに熱中症462人、化学物質によるもの213人、じん肺210人などが含まれます。

　このように、健康上の注意が必要な労働者が多数おり、産業保健体制を整え、労働者の健康管理に万全を期すとともに、さらに健康経営を目指すことが望まれます。

労働者の健康の状況

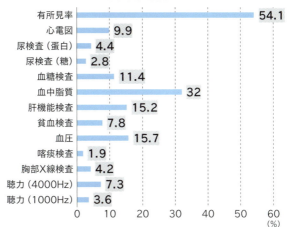

定期健康診断結果

- 有所見率 54.1
- 心電図 9.9
- 尿検査（蛋白） 4.4
- 尿検査（糖） 2.8
- 血糖検査 11.4
- 血中脂質 32
- 肝機能検査 15.2
- 貧血検査 7.8
- 血圧 15.7
- 喀痰検査 1.9
- 胸部X線検査 4.2
- 聴力（4000Hz） 7.3
- 聴力（1000Hz） 3.6

(％)

（資料出所）厚生労働省「定期診断結果報告」（平成29年）

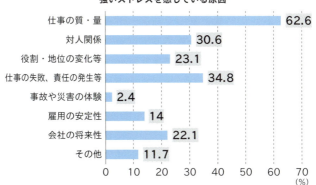

強いストレスを感じている原因

- 仕事の質・量 62.6
- 対人関係 30.6
- 役割・地位の変化等 23.1
- 仕事の失敗、責任の発生等 34.8
- 事故や災害の体験 2.4
- 雇用の安定性 14
- 会社の将来性 22.1
- その他 11.7

(％)

（資料出所）厚生労働省「労働安全衛生調査（実態調査）」（平成29年）
（注）1）対人関係にセクハラ、パワハラを含む。
　　　2）役割・地位の変化等は昇進、昇格、配置転換等である。

28 産業保健体制の充実

▶ 事業場の規模と産業医の選任義務

産業医は、50人以上の事業場で選任が必要です。50人未満の事業場は、労働者の健康管理等の知識を持つ医師か保健師を選任する努力義務があります。

産業医は、研修修了者など、産業保健の専門的知識がある医師を選任し、監督署への届け出が必要です。今回の改正で、産業医は、医学的な専門知識に基づき、誠実にその職務を行わなければならないと定められました。

▶ 産業保健活動の適切な実施

産業医は、健康診断、ストレスチェック、面接指導等の実施、それらの結果に基づく対応、健康教育・相談、労働衛生教育、職場の健康障害の原因調査・再発防止などが職務で、事業者は、必要な権限を与えねばなりません。

産業医が専門的立場からこれらを実施し、異常所見のある労働者がいたり、職場環境に問題があれば、事業者に意見を述べ、適切な対応を促すなどの連携が必要です。

また、産業医の解任や辞任があれば、その事実と理由を労働衛生委員会に報告しなければならなくなりました。労働者代表が参画する場で、事業者が恣意的に産業医を交代させていないか確認できるようにするためです。

産業医を中心とした産業保健活動が十分に実施されるよ

う、保健師、看護師、心理職などの専門スタッフの配置など、適切な体制構築の努力義務が創設されました。事業場の規模、業種などの状況を踏まえた対応が求められます。

また労働者が、気楽に相談できるよう、新たに、事業者は、産業医等の業務の内容、健康相談の申出方法等を労働者に周知しなければならないこととされました。

産業保健体制の充実

産業医の選任義務
- 50人以上の事業場は選任義務。
  - 1000人以上の事業場、一定の業種の500人以上の事業場 ── 専属産業医
  - 3000人以上の事業場 ── 複数の産業医
- 50人未満の事業場は産業保健の知識がある医師・保健師に委嘱する努力義務。

> 産業医の責務として、医学的知識に基づいて、誠実に職務を行わなければならない旨の規定が新設

→ 適切な産業医を選任

産業医の身分保障の強化
- 労働衛生委員会の報告事項に産業医の解任・辞任を追加。

> 恣意的な産業医の解任、辞任の強要を防止

産業保健体制の整備
- 産業医等による健康管理等が適切に実施できるよう、体制整備する努力義務。

> 保健師、看護師、心理職など産業保健スタッフの配置など

産業医の業務内容等の周知
- 労働者に対して、産業医の業務内容等を周知すること（新規）。

29 長時間労働者の健康確保

▶ 医師による面接指導の義務づけ

　脳・心臓疾患発症の予防のため、長時間労働により疲労が蓄積した労働者に対し、医師による面接指導の実施が義務づけられています。

　これまでの対象者は、1カ月当たりの時間外・休日労働が100時間を超える人でしたが、労働安全衛生法施行規則の改正により、80時間を超える労働者に拡大されました。

　該当する労働者から申し出があれば、事業者は医師による面接指導を実施しなければなりません。

　また、高度プロフェッショナル制度の対象者と研究開発業務の従事者については、時間外・休日労働が月100時間を超えた場合、申し出のあるなしに関わらず、医師の面接指導の実施が義務づけられています。

　そして事業者は、面接指導した医師の意見を聞き、就業場所の変更、作業の転換、労働時間の短縮、深夜業の回数削減などの適切な措置を講じなければなりません。

▶ 産業医への情報提供も必要

　この面接指導が適切に実施されるには、すべての労働者の労働時間の適切な把握が必要です。

　今回改正により、労働時間の状況について、客観的、適切に把握することが義務づけられました。管理職や裁量労

働対象者など、賃金台帳作成の関係では労働時間の把握が義務づけられていない人も対象になっています。

また、労働時間の状況を把握して、1カ月当たり時間外・休日労働が80時間を超える労働者がいた場合には、その情報を産業医に提供しなければなりません。産業医はこの情報をもとに、労働者に対して医師の面接指導を受けることを勧奨することとされています。

健康確保措置の強化

長時間労働をしている労働者の健康確保

- 長時間労働をしている労働者に対する医師の面接指導の対象拡大
  月100時間超　⇒　月80時間超

- 事業者はすべての労働者の実際の労働時間の状況を把握しなければならない。

  - 管理監督者、裁量労働制対象労働者などを含むすべての労働者が対象
  - 高度プロフェッショナル制対象労働者、研究開発業務で時間外・休日労働の法的上限適用除外対象者は罰則付き

- 月80時間超の労働者の情報を産業医に提供

産業医は情報をもとに、労働者に面接指導の申し出を勧奨
＊面接指導が必要な状況の労働者が確実に受けるため

産業医等による面接指導
　➡事業者が産業医等から労働者の措置等に関する意見聴取
　➡事業者による産業医等の意見を踏まえた必要な措置

30 労働者の健康確保のための措置

定期健康診断の実施義務

　事業者は毎年1回、労働者の定期健康診断を実施しなければならず、有害業務等に従事する労働者には半年に1回の特別な診断が必要です。パート労働者は、所定労働時間が正規労働者の4分の3以上ならば対象、2分の1以上は努力義務です（ストレスチェックも同様）。

　事業者は、診断で異常所見があった労働者に必要な措置を医師などに聞き、必要ならば、作業の転換、労働時間短縮などを講じ、診断結果を労働者に通知すること、健康の保持に努める必要がある労働者に医師等による保健指導を行うよう努めることなどが義務づけられています。

ストレスチェックの実施義務

　50人以上の事業場はストレスチェックの実施が義務づけられ、50人未満は当面努力義務です。事業者は、医師、保健師などによるチェックを実施しなければなりません。

　結果は、実施した医師などから直接本人に通知され、本人の同意なく事業者へは提供できません。一方、高ストレスで面接指導が必要だと医師が判断した労働者の申し出があれば、事業者は医師面接を実施しなければならず、面接結果に基づき、医師の意見を聞いて、就業場所の変更、作業の転換、労働時間の短縮などの措置を講じなければなり

ません。また、ストレスチェックは、集団的分析により、職場改善にもつなげることが望ましいとされています。

　産業医の労働者の健康管理等に関する勧告に関して、産業医の勧告に即した対応が確実に図られるよう、産業医は事前に事業者に勧告内容への意見を聞くこと、勧告があった場合は事業者が労働衛生委員会に報告すること、事業者は勧告を尊重することが定められました。

健康確保のために必要な措置の確実な実施

| 長時間労働をしている労働者の面接指導結果 | 健康診断における異常所見 | ストレスチェックを踏まえた医師の面接指導結果 |

産業医等の意見を聞いて ← 健康管理を適切に行うため必要な情報（新規）

就業場所の変更、作業の転換、労働時間の短縮等健康確保のため必要な措置

- **産業医は労働者の健康確保のために必要と認める時は、事業者に勧告できる。**
  - 産業医は勧告するときは、あらかじめ、勧告内容について、事業者の意見を求める（新規）。
  - 事業者は、勧告を尊重しなければならない。
  - 事業者は、勧告内容等を衛生委員会に報告しなければならない（新規）。
  - 事業者は、勧告内容等を3年間保存しなければならない（新規）。

31 健康情報の適正管理

▶ 取扱規程を策定する必要

　健康診断結果など、労働者の健康情報は、事業者が労働者の健康を確保し、安全衛生配慮義務を果たすために必要なものです。一方、ほとんどが個人情報保護法の規定する「要配慮個人情報」でもあります。

　そのため、労働者に不安を抱かせず、かつ必要なデータを収集するため、事業者は、当該事業場での健康情報の適正な取り扱いについて明確にする必要があります。

　厚生労働省は、平成30（2018）年9月、「労働者の心身の状態に関する情報の適正な取扱いのために事業者が講ずべき措置に関する指針」を公表しています。事業者は、この指針を踏まえ、それぞれの事業場の業務内容などに応じて、安全衛生委員会などで検討したうえで、健康情報の取扱規程を策定する必要があります。規程では、健康情報を取り扱う目的を明確にし、取扱方法、担当者ごとに取り扱える情報範囲、適正管理の方法、開示・訂正等の方法、苦情処理などについて定めます。

▶ 誰が、どの情報を扱うのか

　健康情報のうち、労働安全衛生法による定期健康診断結果など、法令に基づいて取得するものがありますが、それ以外の情報の取得には労働者本人の同意が必要となります。

また、法令や本人の同意によって取得した情報であっても、それぞれその目的の範囲で利用しなければなりません。

　また、事業者、人事担当者、上司、産業医、産業保健スタッフなど、それぞれの立場によって、取り扱える健康情報の範囲は異なります。健康情報が、不必要な人にまで共有されるようなことがあってはなりません。

健康情報の適正管理

- **労働者の心身の状態に関する情報の収集・保管・使用は、必要な範囲内とすること**(新規)。

- **心身の状態に関する情報は適正に管理すること**(新規)。

  - 労働者の心身の状態に関する情報は、個人情報保護法の要配慮個人情報である。
  - 労働者の健康確保措置や安全配慮義務の履行のため必要な範囲とすること。
  - 労働者の業務内容等によって、必要な範囲は異なる。
  - 情報の性質によって、取り扱いの原則は異なる。
  - 事業者、人事担当者、上司、産業医、産業保健スタッフなど取扱者によって異なる。

- **心身の状態に関する情報の適正な取扱規程を整備すること。**

労働者の心身の状態に関する情報の適正な取り扱いのために事業者が講ずべき措置に関する指針(平成30年9月7日)

32 治療と仕事の両立支援

▶ 病気治療と仕事の両立支援

　疾病を抱えた人の治療と仕事の両立は重要な課題です。働き方改革実行計画も、対策の充実・強化の方針を示し、平成28（2016）年2月に厚生労働省が、「事業場における治療と職業生活の両立支援のためのガイドライン」を公表し、両立支援の制度・体制を示しています。

　具体的な進め方としては、両立支援が必要な労働者からの申し出から始まり、主治医からの情報――症状、就業の可否、望ましい就業上の措置などを事業者に提出、その情報に対する産業医などの意見を聴取、主治医と産業医などの意見から仕事の継続可否を判断し、可能ならば就業上の措置、治療への配慮内容の検討・決定などが示されています。

▶ 企業と病院・主治医の連携が重要

　両立支援には、企業と病院・主治医の連携が重要です。厚労省では、平成30年3月、ガイドラインの参考資料として、具体的な連携方法を示した、「企業・医療機関連携マニュアル」を公表しています。

　患者に寄り添う両立支援コーディネーターを加えたトライアングル型のサポートが重要であり、その体制整備が進められています。その活用を含め、病気でも働き続けられる環境整備が望まれます。

治療と仕事の両立

- 治療を要する労働者について、事業者と医療機関が治療情報を共有し、継続的に支援することが求められる。

  - 私傷病であるので、労働者の申し出によることが基本。
  - 機微な健康情報にかかわるので、情報管理が重要。
  - 「事業場における治療と職業生活の両立支援のためのガイドライン」及び「企業・医療機関連携マニュアル」を参照。

企業
- 人事担当
- 産業医・産業保健スタッフ

勤務情報提供書 →
← 主治医意見書

医療機関
- 主治医
- 医療ソーシャルワーカー

支援申出　治療を要する労働者・家族

調整　　　支援　　　調整

両立支援コーディネーター

両立支援プラン・職場復帰支援プラン

病気でも働き続けられる環境が望まれます

モーレツ社員は自慢にならない

　戦後復興期から高度成長期にかけて、わが国産業の競争力の源泉として、日本人の勤勉性が指摘されてきました。かつて、モーレツ社員という言葉もありました。

　そのような背景もあって、わが国の総実労働時間は欧州諸国に比べると相当長く、また、年次有給休暇は半分程度しか取得されないという状況が続いています。

　もちろん、勤勉なのはよいことであり、働き方改革は勤勉を否定するものではありません。重要なのは、働く場合においてメリハリをつけて、働くときは、勤勉に、効率的に働き、休む時はしっかり休むということです。

　働き方改革は、日本の企業文化や日本の働くということに対する考え方を変えようとするもので、長時間労働を自慢したり、年休を取得しないことを評価するようなことをなくしていくことを目指すものです。

　今後、仕事が早くて的確である、やるべき仕事はしているのに年休は完全取得しているということが評価される社会になることが期待されます。

第 5 章

同一労働同一賃金の実現

33 非正規労働者の状況

▶ 増え続ける非正規労働者

　平成30（2018）年における雇用者5596万人のうち、正規雇用が3476万人に対して、非正規雇用が2120万人で、全体の37.9％です。昭和59（1984）年に604万人だった非正規雇用は、3倍強と大幅に増加しています。

　非正規雇用のうち、パートが1035万人で約半分を占めます。そのほかには、アルバイトが455万人、契約社員が294万人、派遣社員が136万人、嘱託が120万人などとなっています。また、正規雇用の仕事に就きたい、いわゆる不本意非正規雇用は255万人で、非正規労働者の12％でした。

▶ 賃金格差が大きいのが日本の特徴

　正規・非正規の賃金を比較すると、平成29（2017）年の時給ベースで、一般労働者・正社員は1937円、短時間労働者・正社員以外は1081円であり、ほぼ半分。これを年齢による賃金カーブで見ると、一般労働者・正社員は20代前半の1256円からピークの50代前半の2403円まで上昇するのに対して、短時間労働者・正社員以外は年齢にかかわりなくほぼ1000円程度となっています。

　パート労働者の時給について、一般労働者を100とした指数を見ると、日本は59.4で、フランス86.6、ドイツ72.1、イギリス71.8などに比べると格差が大きいのが特徴です。

雇用形態にかかわらない公正な待遇の確保

非正規労働者の状況

- 正規労働者はおおむね3000万人台半ばで推移。
  一方、非正規労働者は昭和59年の600万人から2000万人超に増加。
  → 非正規労働者の比率は、2/3を超えている。
- 非正規労働者の賃金は、年齢・勤続による上昇がない。
  平均時給は、正規労働者の6割程度であり、欧州諸国に比べても比率が低い。

正規・非正規労働者数の推移

(資料出所) 平成11年までは総務省「労働力調査(特別調査)」(2月調査) 長期時系列表9
平成16年以降は総務省「労働力調査(詳細集計)」(年平均) 長期時系列表10

正規・非正規労働者の年齢別時給比較

(資料出所) 厚生労働省「賃金構造基本統計調査」(平成29年)

34 非正規雇用対策の強化

▶ 拡大された正社員転換促進の義務

　非正規雇用比率が4割近くまで増加している中、不本意非正規労働者への対応と、正規と非正規の大きな処遇格差の是正が政策課題になっています。

　パートタイム労働法は、事業者に、パート労働者から正規労働者へ転換推進措置を義務付けています。正規労働者募集の際にその内容をパート労働者に周知する、正規労働者ポストを社内公募する際にパート労働者にも応募機会を与える、正規へ転換する試験制度の創設など、具体的にいずれかを実施しなければなりません。今回の改正で、正社員転換促進措置の義務は有期労働者に拡大されました。

　労働者派遣法は、派遣先に対して、1年以上継続して受け入れている派遣労働者に対して正規労働者を募集する場合に募集内容を周知する義務などを定めています。

　国も、正社員転換のための対策として、不本意非正規労働者が正社員として就職することを支援するため、正社員求人の確保、若者ハローワーク、地域若者サポートステーションなど専門施設の設置などを行っています。

▶ 処遇格差を是正するための義務

　処遇格差の是正に関しては、パートタイム労働法、労働契約法、派遣労働法において、均等・均衡待遇の規定が設

けられていますが、それぞれの法律で内容は異なりました。また、現に処遇格差は存在しています。そこで、不合理な待遇差に関する司法判断の根拠規定、非正規と正規との待遇差に関する事業者の説明義務の整備など、労働契約法、パートタイム労働法及び労働者派遣法が一括改正されました。

非正規労働者対策

非正規労働者の正社員転換
不本意非正規労働者（255万人、非正規労働者の12.0%）の正社員化

非正規労働者の待遇改善
育児・介護、高齢などの理由で短時間勤務を希望する労働者の待遇改善

パートタイム労働法
- 均等待遇規定
- 均衡待遇規定
- 待遇説明義務
- 考慮事項説明義務

労働契約法（有期雇用）
- 均衡待遇規定

労働者派遣法
- 均衡待遇努力義務
- 待遇説明義務
- 考慮事項説明義務

3法一括改正
パート法・有期雇用規定統合

均等・均衡待遇規定の整備・ガイドライン策定・説明義務強化

35 「通常の労働者と同視される非正規労働者」の均等待遇

▶ 職務内容と変更範囲が同じなら、待遇も同じ

非正規労働者のうち、正規労働者と職務内容が同じで、職務内容や配置の変更の範囲が同一な人（通常の労働者と同視される非正規労働者）には、短時間労働者や有期雇用労働者であることを理由に、基本給、賞与その他の待遇で差別的な取り扱いをしてはなりません。

従来のパート労働者に関する規定だけでなく、今回の改正で、有期雇用労働者にも均等待遇の原則が適用されることになりました。

判断基準は業務内容と責任の程度です。労働者が従事する業務が実質的に同じかどうかで判断されます。中核業務が同じならば、付随業務に差があっても同じ業務です。責任の程度は、権限の範囲、成果に対して求められる役割、トラブル発生時などに求められる対応の程度などで総合的に判断されます。判断にあたり、形式的な違いではなく、実態としての業務や役割で判断しなければなりません。

▶ 「職務内容・配置の変更範囲が同じ」とは

職務内容と配置の変更は、転勤、異動による部署や業務の変更、昇進などが含まれます。この変更範囲が正規労働者と実質的に同じかどうかで判断されます。

就業規則に正社員は転勤がありうると規定されていても、

非正規労働者と同じ職務内容の正社員には転勤がほとんどない場合などは、変更の範囲は異なりません。

通常の労働者と同視できる非正規労働者は、賃金はもとより、福利厚生、教育訓練などのすべての労働条件について、正規労働者と同じにしなければなりません。

賃金が同じというのは、同じ決定基準、ルールで決めるという意味で、査定でも非正規を理由に低く評価することは許されません。

パート・有期の均等・均衡規定

通常の労働者と同視される労働者
- 職務内容、職務内容・配置の変更範囲が同じ場合には差別的取り扱いをしてはならない（パートは既存、有期に拡大）。

| 職務内容が同じ
職務内容＝業務内容＋責任の程度 |
| 職務内容・配置の変更範囲
が同じ（人材活用の仕組み） |

→ 通常の労働者と同視される非正規労働者

↓ すべての待遇 差別的取り扱い禁止

- 業務内容は実質的に同じかどうかで判断する。
  *業務内容を分割して、中核的業務が同じであれば、同じと判断する。
- 責任の程度は業務に伴う責任の程度が著しく異ならないかどうかで判断する。
- 人材活用の仕組みは転勤や配置転換の有無、範囲で判断する。その際に、形式的な相違ではなく、実質的に判断する。
  *正規は配置転換の範囲が広いことになっていても実際は非正規と変わらない場合など　➡　範囲は同じと判断

36 「通常の労働者と同視される労働者」以外の非正規労働者

▶ 合理的な違いがあれば待遇差も認められる

パート・有期雇用労働法は、「通常の労働者と同視される非正規労働者」以外に関しては、正規雇用者との不合理な待遇差の解消を求めるもので、待遇差すべてが不可ではありません。職務内容、職務内容・配置の変更範囲、能力、経験等で説明できる待遇差は許されます。その場合に、違いが客観的・具体的な実態に照らして不合理であってはなりません。「正規と非正規労働者は将来の役割期待が異なるから……」など、主観的・抽象的な説明では不十分です。

また、パート労働者の賃金水準について、その地域のパートの賃金相場で決める、というようなことも認められません。企業で、それぞれのパート労働者の職務内容などに応じて、正規労働者との関係で不合理な待遇差でないことの検証が求められます。

▶ 全体でなく、事項ごとに待遇差を判断する

賃金等の労働条件には、基本給、賞与、各種手当、休暇、福利厚生、教育訓練などさまざまなものが含まれます。正規と非正規の待遇差の比較では、事項ごとに、労働条件の性質等を踏まえたうえで、別々に判断する必要があります。

これまでは待遇差の比較の際、個々の労働条件ごとに検討するのではなく、労働条件全体として見て、不合理で

ければよいという方法もありましたが、今回の改正で、事項ごとに判断すべきことが明確にされました。

　このため、職務内容や職務内容・配置の変更範囲などが同じであっても、労働条件の事項ごとに、不合理性の判断は異なることになります。職務内容との関連が少ない、例えば、通勤や食事に関するものなどは、特段の事情がない限り、職務内容などが異なったとしても、正規労働者と非正規労働者との待遇差は許されません。

通常の労働者と同視される労働者以外の非正規労働者

- 個々の待遇ごとに、職務内容、職務内容・配置の変更範囲、その他の事情のうち、その待遇の性質・目的に照らして適切と認められる事情を考慮して、不合理と認められる待遇差を設けてはならない（パートは待遇ごとであることを明確化、有期は新規）。

| 基本給 | 賞与 | 通勤手当 | 役職手当 | 食事手当 |
| 更衣室 | 職務関連の訓練 | 教育訓練 | 安全装置 | その他 |

考慮要素
待遇ごとに適切なもののみ考慮

| 業務内容 | 責任の程度 | 変更の範囲 | 能力・経験 | その他 |

- 待遇ごとに考慮できる要素は異なる。
  ＊例えば、通勤や食事と職務内容や責任の程度は基本的に関係がないなど。
- 客観的・具体的な実態に照らして判断することが必要。

37 ガイドラインによる処遇差の検討

▶「不合理な待遇差」の見直しが必要

　新しいパート・有期雇用対策法では、「均等・均衡規定」を整備しています。

　そのうえで、それぞれの企業において均等・均衡についてどう判断すればいいのか、法律に基づいて、待遇差に関する判断基準を示すガイドラインを策定することになりました。

　企業においては、非正規労働者を含めた労使間で、新しい法律とガイドラインを踏まえて、正規・非正規労働者の処遇体系の見直し、職務や能力の明確化などを検討することになります。

　ガイドラインでは、冒頭で、処遇体系の見直しなどをする際に、どういう点に留意すべきか、具体的な事項を示しています。

　正規と非正規の処遇に「不合理な待遇差」がある場合には、その見直しが必要となります。

▶非正規の処遇引き上げで対応

　見直しの際には、今回の法改正の趣旨を踏まえて、「非正規労働者の処遇を改善すること」が基本となります。

　待遇差をなくすために正規労働者の処遇を引き下げることは、労働条件の不利益変更となるため、労働契約法にお

いて、原則として労使の合意が必要とされています。

また、やむを得ず労使で合意することなく、就業規則の改定により労働条件を不利益に変更する場合には、合理的な理由が必要です。

▶ 認められない処遇差の正当化

非正規労働者との比較対象として、新たに低い処遇の正規労働者の雇用管理区分を設けたうえで、実際には正規・非正規に不合理な待遇差があるにも関わらず、「非正規より処遇の低い正規労働者もいる」などとして、正当化することは許されません。

また、それまで正規・非正規労働者のいずれもが従事していた職務について、形式的に職務を分離したうえで、正規・非正規の職務を分離し、「職務が違うから処遇も違う」などと主張することも認められません。

繰り返しになりますが、実質的に非正規労働者の処遇が改善されるように、処遇体系の見直しをすることが求められるのです。

▶ 非正規労働者の代表者との話し合いが必要

各企業において、今回の法改正を契機に、職務や役割の見直し・明確化とそれに応じた賃金制度のあり方について、非正規労働者を含めて、労使間で十分に話し合うことが重要です。

処遇の見直しの結果、労働条件等を変更する場合には、就業規則の変更が必要となります。

その際、パート・有期労働対策法に、パート・有期労働者にかかわる事項について就業規則を作成・変更しようとするときは、「パート・有期労働者の過半数を代表すると認められる者の意見を聴くように努めなければならない」とする努力義務が規定されています。

▶ 仕事の責任、能力、成果などで決定

また、パート・有期労働対策法には、非正規労働者の賃金に関して、以下のような規定があります。
「通常の労働者との均衡を考慮しつつ、非正規労働者の職務の内容、成果、意欲、能力又は経験などを勘案して、基本給、賞与、役付手当などを決定するように努めるものとする」

この規定は、非正規労働者の賃金に関して、そもそも、職務内容、能力などを勘案したものにすることが適当だ、という考え方によるものです。

非正規労働者の基本給、賞与、役職手当等の見直しに際しては、正規労働者との均等・均衡とともに、非正規の職種ごとに、課される責任の程度や労働者の能力、経験、成果、意欲などを勘案して、賃金を決定することが必要になります。

待遇ごとの判断基準──ガイドラインの概要

- 同一労働同一賃金の検討では、職務の内容や職務に必要な能力等の内容の明確化及びその公正な評価を実施し、それに基づく待遇の体系を構築することが望ましい。
- 待遇差の解消に向けては、賃金のみならず、福利厚生、キャリア形成、職業能力の開発及び向上等を含めた取り組みが必要である。
- 非正規労働者を含めて、労使間で十分に話し合われることが重要。

 「非正規」という言葉を一掃する

- **比較対象として処遇が低い正規のカテゴリーを設けることは許されない。**
  - ＊正規の雇用管理区分が複数ある場合、それぞれとの均等・均衡が必要。
- **正規と非正規とで職務内容等を分離しても、不合理と認められる待遇の相違の解消が必要。**
- **今回の改正は、非正規の処遇改善のためであり、待遇差是正のために正規の処遇を引き下げることは、趣旨に反し、基本的に許されない。**
  - ＊労働条件引き下げには、原則として労使合意が必要（労働契約法）。

正規・非正規を通じて、職務や役割の見直し・明確化とそれに応じた賃金制度の検討が行われることが望まれる。

38 正規と非正規の基本給

基本給も不合理な処遇差は認められない

　基本給の決め方には、職務給、職能給、業績給、勤続給などさまざまな制度があり、どの方式でも、正規と非正規とで待遇差が不合理でないようにしなければなりません。

　それぞれの給与制度は、右のページのように、正規・非正規を問わず、条件が同じならば、同じ基本給を支払わなければなりません。そのうえで以下の点に注意します。

各制度のチェックポイント

　職務給の場合、同じような仕事でも、正規と非正規の内容が実質的に違うなら、その違いを明らかにし、違いに応じてそれぞれの職務給を決めます。

　職能給は、総合職コースの正規労働者がキャリア形成の一環として定型業務を担当する場合、業務経験などに関係なく、高い職能に基づく基本給を支給できます。配置転換や休日勤務の有無などによる違いは、均衡がとれていれば許容されます。

　業績給について、業績手当などを支給する場合も、正規・非正規労働者が同じ成果ならば同じものを支給しなければなりません。生産効率や品質に関する責任度・ペナルティの有無などで違いを設けることは、均衡がとれていれば許されます。一方、業績手当などで勤務時間が短いパー

ト労働者に、「正社員と同じ成果でなければ支給しない」とすると、実質的にパート労働者に支給する意思がないことになるので、問題となります。

　勤続給で、有期雇用労働者が契約更新で長期間働く場合、勤続年数は最初の契約時から通算しなければなりません。

　定年後の再雇用は、定年前と職務内容、責任度などが変わらない場合、「定年までは高い処遇だった」「厚生年金などの支給がある」などの理由は、正規労働者との処遇差が不合理かを判断する際、その他の事情として考慮はできますが、それをもって処遇差すべては認められません。

正規と非正規の基本給
- **職能給**——同じ能力・経験なら同じ賃金、違いがあればその相違に応じた賃金。
- **業績給**——同じ業績・成果なら同じ賃金、違いがあればその相違に応じた賃金。
- **勤続給**——同じ勤続年数なら同じ賃金、違いがあればその相違に応じた賃金。
- **昇　給**——勤続による能力向上に応じて行う場合、向上が同じなら同じ昇給、違いがあればその相違に応じた昇給。

- 正規・非正規で賃金決定基準・ルールに違いがある場合、職務内容、職務内容・配置の変更範囲、その他の事情の客観的・具体的事実に照らして不合理なものであってはならない。
  ＊将来の役割期待が異なるなど、主観的・抽象的説明では足りない。
- 基本給が複数の組み合わせによって定められている場合、それぞれの方式に応じて不合理なものであってはならない。
- 非正規の賃金は、パート・有期労働法に、正規との均衡を考慮しつつ、非正規の職務内容、成果、意欲、能力、経験などを勘案して、基本給、賞与などを決定するよう努めるとの努力義務規定がある。

39 正規と非正規の賞与・役職手当など

「非正規のみ賞与なし」は許されない

賞与は、企業の業績などに応じて支給され、支給基準は、各労働者の業績などへの貢献に応じるもの、基本給などの額に応じるもの、全員一律のものなど、さまざまあります。

業績などへの貢献に応じて支給する場合、非正規労働者にも、貢献に応じて同一の支給をしなければなりません。貢献度が違う場合は、その違いにより支給します。

正規労働者には職務や貢献にかかわらず全員に支給するのに、非正規には支給しないというのは許されません。各企業における賞与の役割、意味を明確に、非正規労働者を含めて納得性のある支給基準にする必要があります。

同じ仕事なら役職手当も同一に

店長手当など、一定の役職に就いている従業員に支給する役職手当は、役職の内容、責任の範囲・程度が同じならば、非正規の役職者に同一の手当を支給しなければなりません。

同じ名称の役職でも、正規と非正規で職務の内容、責任の範囲・程度が異なる場合には、その違いに応じた手当を支給しなければなりません。

その場合には、あらかじめ役職者としての職務・責任の範囲を明確にして、手当に違いがある理由を明確にしてお

くことが必要です。

　業務の危険度や作業環境に応じて支給される特殊作業手当、交代制勤務などの勤務形態に応じて支給される特殊勤務手当などはどうでしょう。

　これら職務に関連して支給される手当についても、非正規労働者が同一の危険度や作業環境の業務に従事する場合、同一の勤務形態で業務に従事する場合には、同一の手当を支給しなければなりません。

賞与
- **会社の業績等への貢献に応じて支給する場合、貢献が同じならば同じ賞与、違いがあるのであればその違いに応じた賞与。**
  - 賞与の役割・意味、支給基準はさまざまであるが、その役割・意味を明確にして、納得性のある支給基準とすることが必要。
  - 正規には全員に支給し、非正規には全く支給しないことは、不合理でないとの説明は困難と考える。

役職手当
- **役職手当は、役職の内容、責任の程度が同じならば同じ手当、違いがあるのであればその違いに応じた手当。**
  - 同じ役職であっても、正規と非正規で職務範囲や責任が異なるのであれば、あらかじめ明確にすべきである。

職務に関連する手当
- **業務の危険度や作業環境に応じて支給される特殊作業手当、勤務形態によって支給される特殊勤務手当などは、同一の危険度、作業環境、勤務形態の場合は、同一の手当。**
  - 非正規が特定の業務、勤務形態に従事するため雇用され、手当相当分を含めた高い基本給の場合は手当は不要。

40 正規と非正規の通勤や食事などの手当

各種手当の基準について

　その他、諸々の手当も、基本的に、非正規も正規と同一の支給をしなければなりません。

　時間外手当は、正規労働者の所定労働時間までの時間外労働に対しては割増賃金を支払わない、あるいは低い割増率にすることは問題ありません。

　通勤手当は、正規労働者に月額の定期代を支給する場合、労働日数が少ないパート労働者なら日額支給でよいのですが、労働日数が多いパート労働者には月額支給が必要です。

　食事手当について、勤務時間が食事時間を挟まない非正規労働者に支給しないのは問題ありません。なお、正規と非正規とで食事手当の額が異なるのは問題となります。

　地域手当について、非正規労働者は、地域ごとの採用とし、各地の物価水準等を勘案して地域ごとに基本給を設定していれば、手当を支給しなくても問題ありません。

ガイドラインに考えが示されない手当

　家族手当は、各企業で役割や意味合いも異なるため、ガイドラインでは考え方を示していません。

　退職金は、賃金後払い、長年の勤務への功労報償、退職後の生活保障など多様な性格があり、一時金や年金型など各企業で支給要件も多様なため、ガイドラインでは考え方

を示していません。

　ただし、家族手当や退職金も、法律の均衡規定の対象なので、各企業の制度の性格などを踏まえて労使で十分に話し合い、正規と非正規労働者に違いがある場合は、不合理な違いとならないようにしなければなりません。

時間外・休日・深夜手当
- **同一の割増率の時間外、休日、深夜労働手当が必要。**
  - 正規労働者の所定労働時間までは異なる割増率でも問題ない。

通勤手当
- **同一の通勤手当が必要。**
  - 出勤日数が少ないパート労働者に定期代ではなく日額の交通費は問題ない。

食事手当
- **勤務時間内に食事時間があれば、同一の食事手当、食堂利用券など食費補助。**
  - 半日勤務で勤務時間内に食事時間がない場合は、支給しなくて問題ない。

地域手当
- **同一の地域手当が必要。**
  - 非正規は地域ごとに採用し、地域ごとに物価水準等を勘案して基本給を設定している場合は、支給しなくて問題ない。

家族手当、退職金はガイドラインで考え方が示されないが、法律の対象であり、違いがある場合、各企業での趣旨、目的に照らし、不合理でないことが必要。

41 正規と非正規の福利厚生・教育訓練等

▶ 福利厚生施設と休暇

　事業場にある食堂、休憩室、更衣室などの福利厚生施設は、その事業場で働く非正規労働者には、正規労働者と同じように利用させなければなりません。

　慶弔休暇など、労働者の事情による休暇も、正規と非正規労働者には同じように付与しなければなりません。

　病気休暇も、正規と非正規労働者に、同一に付与しなければなりません。有期雇用労働者は、雇用期間の終了日まで付与すればよいことになります。

　法定の年休は、非正規労働者に対しても勤務日数に応じて付与するのが義務です。法定外休暇は、勤続年数などの要件に応じ、非正規労働者にも、同一の付与が必要です。

▶ 教育訓練と安全の確保

　現在の職務に必要な教育訓練は、正規と非正規労働者が同じ職務内容ならば、同一に実施しなければなりません。職務内容や責任に違いがあれば、その違いに応じて実施しなければなりません。

　なお、パート・有期労働対策法には、均衡待遇の規定とは別に、職務に必要な能力を付与する教育訓練について、職務内容が同じ非正規労働者にも実施しなければならないとする規定があります。また現在の職務に直接関係ない教

育訓練（一般的な能力向上）などは、非正規労働者の職務内容、成果、意欲、能力及び経験などに応じて実施するように努力することとする規定があります。

　労働者の安全と健康を守るために必要な措置は、同一の職務環境下で働く場合は、正規と非正規労働者に対して同一の措置を講じなければなりません。安全衛生教育の実施、安全帽、安全靴、防塵マスクなどの機器の支給などです。

福利厚生
- 食堂、休憩室、更衣室などの福利厚生施設は同一の利用を認める。
- 慶弔休暇、健康診断に伴う勤務免除などは同一に付与。
- 病気休暇は同一に付与。
  ＊有期雇用の場合は、契約の残存期間を踏まえて付与。
- 法定外の年休・休暇は、勤続期間に応じて付与する場合は、同じ勤続期間なら同一に付与。
  ＊有期雇用の場合は、当初の契約期間から通算する。

> ○ パート・有期労働法には、職務の遂行に必要な能力を付与するための教育訓練は義務、直接関係がない資質向上等の教育訓練は努力義務とする規定がある。
> ○ 法定年休は、所定労働日数が少ない場合は比例付与、それ以外は正規と同一。

その他、教育訓練など
- 現在の職務に必要な技能・知識を習得するために実施する教育訓練は、同一の職務内容ならば同一に実施。職務内容、責任に違いがあれば、その相違に応じた実施。
- 安全管理に関する措置・給付は、同一の業務環境ならば同一に支給。

> ○ パート・有期労働法に、福利厚生施設について、非正規にも利用の機会を与えなければならないとの規定がある。

42 派遣労働者の処遇①
（派遣先との均等・均衡方式）

▶ 正社員と同視できる派遣労働者の処遇

　派遣労働者は、長期間同じ派遣先で働く人、短期間で異なる派遣先で働く人がいるため、均等・均衡の確保については、「派遣先労働者との均等・均衡方式」と「労使協定による一定水準を満たす待遇決定方式」が選択できます。

　派遣先労働者との均等・均衡方式は、派遣労働者と派遣先の正社員の待遇を比較するもので、パート・有期労働者の均等・均衡待遇と同じです。

　派遣先の正社員と同視できる派遣労働者は、基本給、賞与その他の待遇で、差別的取り扱いができません。これは、職務内容が派遣先の正社員と同じで、派遣終了までの全期間で職務内容と配置の変更範囲が同じと見込まれる人です。

▶ それ以外の派遣労働者の処遇

　それ以外の派遣労働者については、派遣労働者と派遣先の正社員との待遇差が職務の内容、職務の内容・配置の変更の範囲などに照らして不合理であってはならないこととされています。

　パート・有期労働者の均等・均衡と同じ方式なので、具体的な考え方は、パート・有期労働者の均等・均衡の説明を参照してください。

> 派遣労働者の均等・均衡規定

派遣については、「派遣先労働者との均等・均衡方式」「労使協定による一定水準を満たす方式」の2つの方式がある。
（配慮義務 ➡ 義務）

派遣先労働者との均等・均衡方式

- **派遣先の正規と同視される派遣労働者**は、派遣先の正規との関係において、差別的な取り扱いをしてはならない。
- **それ以外の派遣労働者**については、派遣先の正規との関係において、**個々の待遇ごとに**、職務内容、職務内容・配置の変更範囲、その他の事情のうち、その待遇の性質・目的に照らして適切と認められる事情を考慮して、不合理と認められる待遇差を設けてはならない。

> ○ 派遣先の正規と同視される派遣労働者とは、派遣先の正規と職務内容が同じで、派遣の全期間を通じて、職務内容・配置の変更範囲が同じ人。
> ○ 派遣先は、派遣元が不合理な待遇差とならないように対応できるよう、**派遣先労働者の待遇に関する情報を提供**しなければならない。
> 　＊派遣契約や派遣先の慣行などによって判断
> ○ 比較対象が派遣先の正規である以外は、パート・有期と基本的に同じである。

派遣労働者の処遇をどうするかをしっかり認識してください

43 派遣労働者の処遇②
（労使協定による一定水準を満たす待遇決定方式）

▶ 労使協定でも待遇を決定できる

　派遣労働者と派遣会社が、その地域で同じ業務に従事する正規労働者の平均以上の賃金額など、一定水準を満たす待遇をする、などと労使協定で定めた場合は、派遣先の正規労働者との待遇の比較ではなく、その労使協定で定めた通りに処遇することができます。

　労使協定の内容については、上記のほか、以下の内容を定めることとなっています。
「職務内容・成果・意欲・能力・経験などが向上した場合には賃金を改善する」「職務内容・成果・意欲・能力・経験などを公正に評価して賃金を決定する」「派遣会社の正社員の賃金以外の待遇と不合理な違いがない」「段階的・体系的な教育訓練を実施する」という内容です。

▶ 協定による均等・均衡の確保

　派遣会社で上記の要件を満たす労使協定が締結された場合、協定の範囲の派遣労働者が、協定通りの賃金がしっかり支払われれば —— 教育訓練、福利厚生を除いて —— 同じ地域で、同じ業務をしている正規雇用の労働者との均等・均衡が確保されることになります。

労使協定による一定水準を満たす方式

- 派遣元が、労働者の過半数で組織する労働組合・労働者の過半数代表者と一定の要件を満たす労使協定を締結した場合には、その協定に基づいて待遇が決定される。

  ＊派遣先の如何にかかわらず、派遣労働者の待遇は変わらない。

労使協定の要件

- **次の条件を満たす賃金決定方法**
  - 従事する業務と同種の業務に従事する一般労働者の平均的な賃金額と同等以上の賃金額となること。
  - 職務内容、成果、意欲、能力、経験等が向上した場合に賃金が改善されること。
- **職務内容、成果、意欲、能力、経験等を公正に評価して賃金を決定すること。**
- **派遣元の通常の労働者との間で不合理な相違がない賃金以外の待遇の決定方法であること。**
- **段階的・体系的な教育訓練を実施すること。**

労使協定がある場合には派遣先の正規労働者との比較でない方式が可能です

44 派遣を受ける企業に必要な対応

▶ 派遣料金についても協力が必要

　派遣労働者と派遣先の労働者との均等・均衡を確保するため、新たに派遣を受ける会社（派遣先）に対して、労働者の待遇に関する情報提供義務、派遣料金に関する配慮義務などが創設されました。

　派遣会社と契約を締結する際は、派遣労働者の業務ごとに、自社でその業務を担当する労働者の賃金などの情報を提供する必要があります。業務の内容・責任の程度、職務内容・配置の変更範囲が派遣労働者と同一であると見込まれる派遣先の労働者のことを比較対象労働者と言います。

　労働者派遣契約は、派遣会社と派遣先との交渉で決まります。ただし、派遣労働者の適切な待遇確保のため、新たに、派遣先は派遣料金に関して派遣会社が法律を順守できるように配慮しなければならないとされました。

▶ 派遣労働者に便宜を図るポイント

　教育訓練の実施や、食堂、休憩室、更衣室など福利厚生施設、さらに診療所の利用なども、派遣労働者に便宜を図るよう配慮しなければならないとされています（詳細は右ページ参照）。

　また、派遣先は、派遣会社から求められた場合は、派遣先の労働者に関する情報や派遣労働者の業務の遂行状況な

どを提供するなど、必要な協力をするよう配慮しなければなりません。これは派遣会社が、派遣労働者を適切に評価できるようにするためです。

なお、従来から、労働者派遣法において、派遣労働者を受け入れる場合には、派遣先管理者の選任、派遣先管理台帳の作成、適正な派遣就業を確保するための措置などが義務付けられています。

派遣先に必要な対応

- 派遣契約を締結しようとする際、あらかじめ、自社の比較対象労働者の賃金などの待遇に関する情報を派遣元に提供する。
    *比較対象労働者＝職務内容、職務内容・配置変更の範囲が同一と見込まれる人

- 派遣契約に関する交渉において、派遣元が均等・均衡の確保など法律を順守できるよう、派遣料金に関して配慮する。

- 派遣元の求めがあった場合には、派遣労働者と同種の業務に従事する労働者に実施する業務遂行に必要な能力を付与する教育訓練について、派遣労働者にも実施する。

- 食堂、休憩室、更衣室など、業務の円滑な遂行に資する福利厚生施設を派遣労働者にも利用させる。

- 診療所など自社の労働者が通常利用しているものの利用に配慮する。

- 派遣元の求めがあった場合には、自社の労働者の状況、派遣労働者の業務遂行の状況を提供するなどの配慮をする。

45 非正規労働者への労働条件の明示

パート・有期労働者への条件明示の義務

　パート・有期労働者・派遣労働者を雇い入れる場合、労働基準法、パート・有期労働対策法、労働者派遣法に基づき、労働者本人への労働条件明示が義務付けられます。

　労働基準法は、すべての労働者の労働条件を広く明示することを義務付け、労働条件のうち、契約期間、有期労働契約を更新する場合の基準、仕事をする場所と仕事の内容、始業・終業の時刻・残業の有無・休憩・休日・休暇、賃金、退職に関する事項などは文書で明示するとしています。

　さらにパート・有期労働法は、パート労働者等を雇う際に、「昇給」と「退職手当」、「賞与の有無」、労働者の「相談窓口」の4項目を文書で明示することとしています。

派遣労働者への条件明示の義務

　労働者派遣法は、派遣労働者を雇い入れる場合には、派遣労働者であることの明示を義務づけています。雇い入れ前に派遣労働者だと明示し、雇い入れ時には労働基準法に基づく労働条件を明示することが必要となります。

　さらに派遣会社は、派遣時に、当該派遣契約における派遣料金の額を明示すること、派遣する旨及び派遣先における業務内容、指揮命令者、派遣期間、就業日、苦情処理などについて明示することを義務付けられています。

> **非正規労働者に対する説明義務**

- **有期労働者について、労働条件・待遇内容、待遇決定に際しての考慮事項の説明義務を創設**
  パート、派遣はこれまでも規定あり ➡ 有期に拡大
- **正規労働者との待遇差の内容とその理由の説明義務を創設**
  これまでは本人の待遇のみ ➡ 正規との比較が可能に

本人の労働条件等の文書明示

- **労働基準法による労働条件の文書明示（すべての労働者が対象・既存）**
  - 契約期間、契約更新の基準、勤務場所、仕事の内容、始業・終業時刻、残業の有無、休憩・休日・休暇、賃金、退職に関すること
    *そのほかの労働条件は文書でなくとも可。
- **パート・有期労働法による労働条件の文書明示（パートは既存、有期は新規）**
  - 昇給の有無、退職手当の有無、賞与の有無、相談窓口
    *そのほかの労働条件については文書明示の努力義務。
- **労働者派遣法による労働条件等の明示（派遣労働者・既存）**
  - 採用時に、派遣労働者であることの明示
  - 採用時・派遣時に、派遣料金の額
  - 派遣時に、派遣する旨、業務内容、指揮命令者、派遣期間・就業日、苦情処理など

46 雇用管理改善に関する事項の説明

▶ パート・有期労働者への説明義務

　パート・有期労働者を雇い入れたときは、速やかに均等・均衡待遇の確保、賃金の決定方法、教育訓練の実施、福利厚生施設の利用、正社員転換の措置について、実施している雇用管理の改善措置の内容を説明しなければなりません。

　これまでは、パート労働者についてのみ規定がありましたが、今回の改正により、有期労働者を雇い入れた場合も対象となりました。

　具体的には、賃金制度はどうなっているか、どのような教育訓練があるか、どの福利厚生施設が利用できるか、どのような正社員転換推進措置があるかなどを説明する必要があります。

　また、労働者から申し出があれば、パート・有期労働者の待遇決定にあたって考慮した事項を説明しなければなりません。賃金の決定方法、教育訓練の実施、福利厚生施設の利用、正社員転換の措置の決定にあたって考慮した事項について、例えば、どの要素をどう勘案して賃金を決定したか、教育訓練や福利厚生施設のうち利用できないこととしたものはなぜ使えないか、などです。

▶ 派遣労働者への説明義務

　派遣労働者を雇い入れた場合には、派遣された場合の賃金の見込み額、社会労働保険の適用、派遣会社の事業運営の状況、労働者派遣制度の概要などを説明しなければなりません。

　また、雇用している派遣労働者から申し出があった場合には、派遣労働者の賃金の決定や教育・福利厚生に関して考慮した事項を説明しなければなりません。

待遇内容等の説明義務
- **パート・有期労働者に対して、雇い入れ時に、待遇内容等に関する説明義務（パートは既存、有期は新規）。**
  - 均等・均衡確保に関すること、賃金の決定方法、教育訓練の実施、福利厚生施設の利用、正社員転換の措置
- **派遣労働者に対して、雇用しようとするときに、待遇内容等の説明義務（既存）。**
  - 賃金額の見込み、社会・労働保険の適用、事業運営、労働者派遣制度の概要

待遇決定に際しての考慮事項の説明義務
- **パート・有期労働者から求めがあった場合、待遇決定に際して考慮した事項について説明義務（パートは既存、有期は新規）。**
  - 賃金決定にあたり考慮した事項、教育訓練が受けられ・受けられない理由、福利厚生施設が利用でき・利用できない理由など
- **派遣労働者から求めがあった場合、賃金決定にあたり考慮した事項、教育訓練・福利厚生等に関し考慮した事項について説明義務。（既存）**

47 正規と非正規の待遇差の内容・理由の説明義務

▶ 正規労働者の待遇を開示する義務

今回の改正によって、パート・有期・派遣労働者から申し出があった場合には、同じ職務、あるいは類似の職務に従事している正規労働者はどのような待遇で、非正規の待遇とはどう違うのか、そのような違いがある理由は何かを説明することが新たに義務付けられました。

個々の正規労働者の待遇を説明する必要はありませんが、具体的な待遇は明示しなければなりません。違いの説明も、「雇用形態が違う」など抽象的な理由では不十分で、役割、責任の違いなど客観的な理由を示さなければなりません。

▶ ポイントは書面で提示する

この説明義務は、企業と非正規労働者の情報の非対称性（齟齬）をなくし、両者が同じ土俵で話し合いができるようにするためにあります。企業がきちんとした説明を行い、非正規労働者が自分の待遇に納得すれば、モチベーションが上がり、紛争は未然に回避できます。

ですから、パート・有期・派遣労働者が、十分に理解できるように、わかりやすい資料を活用し、ポイントは書面で提示することが望ましいのです。なお、非正規労働者が説明を求める申し出をしたことを理由として、解雇などの不利益な取り扱いをすることは禁止されています。

待遇差の内容・理由の説明義務

- パート・有期・派遣労働者から求めがあった場合、同じ、あるいは類似の職務に従事している正規労働者の待遇、非正規との待遇差、待遇差の理由を説明しなければならない。
- パート・有期・派遣労働者が、説明を求めたことを理由として、不利益な取り扱いしてはならない。

> ○ 比較対象となる正規労働者個人ごとの待遇を説明する必要はないが、具体的にどのような待遇かわかるようにする。
> ○ 待遇差は、役割、責任の違いなど客観的な理由を示して説明する。
> ○ わかりやすい資料の活用、書面で要点を示すなどして明示する。
> ○ 非正規が自分の待遇に納得することによって
>   ➡ 非正規のモチベーションが上がる
>   待遇に関する紛争が防げる

正規と非正規で
なぜ待遇が違うのかを
明示しなければなりません

48 均等・均衡な処遇の履行確保措置

▶ 紛争解決の基本は事業場内で

　均等・均衡に関する規定は、民事的効力があり、紛争があれば、最終的には裁判で決着させます。しかし、迅速な対応のため、事業場での解決、行政の助言・指導、行政ADR（裁判外紛争解決手続）の規定が整備されました。

　労働条件に関する不満や紛争は事業場内で解決するのが望ましく、事業者は、苦情処理機関や苦情相談担当者を置くなどして、自主的な解決に努めることとされています。

▶ 調停はどのように行われるか

　事業場内で紛争解決できなければ、非正規労働者、事業者は都道府県労働局長に解決の援助を求めることができます。労働局長は、援助を求められたら、労使から事情を聴くなどして、紛争解決に必要な助言、指導をします。事業者に明確な法律違反がある場合や助言・指導に従わない場合は、事業者に勧告することができます。

　労働者が労働局長に紛争解決の援助を求めたことを理由に、不利益な取り扱いをすることは禁止されています。

　パート、有期、派遣労働者すべてに、均等待遇だけでなく、均衡待遇を含めて、労働局長の調停制度が設けられました。非正規労働者か事業主から申請があり、労働局長が必要と認めた場合、学識経験者などの専門家で構成される

調停会議で調停を行います。

　調停会議は、必要に応じ、当事者や参考人から意見を聴いたうえで調停案を作成し、当事者に受諾勧告を行います。調停案に強制力はありませんが、これによって紛争が解決されることが望まれます。

　行政ADRについても、労働者が調停を求めたことを理由として、不利益な取り扱いをすることは禁止されています。

> 履行確保処置

> **自主的苦情解決（努力義務）**

> **労働局長による助言・指導・勧告**

- 非正規労働者は紛争解決援助を求めることができる
  ＊事業者からもできる
- 労働局長は事情を調べ、必要な助言・指導
- 明らかな法違反がある場合は勧告
- 援助を求めたことを理由とする不利益取り扱い禁止
- パート・派遣は既存　➡　有期に拡大

> **行政ADR**

- 非正規労働者または事業者の申請による
- 労働局長が必要と認める時、調停会議を設ける
- 調停会議は、当事者・参考人の意見を聞いたうえで、調停案を作成し、受諾勧告
- 申請したことを理由とする不利益取り扱い禁止
- これまで均等待遇のみ　➡　均衡待遇に拡大
- パートは既存　➡　有期・派遣に拡大

> **裁　判**

- 均等・均衡規定の民事的効力

パート・有期雇用の同一労働同一賃金の
チェックポイント

基本姿勢

- ☑ **雇用している労働者を正規雇用とパート・有期労働者に区分して、正規雇用のみをいわゆる「社員」と考えていないか**
  ⇒パート・有期労働者は、就業形態の種別であるが、労働契約によって事業者の指揮命令の下で働くという意味では、正規と変わりはない。現在、「非正規」という言葉を一掃する方向で政策が展開されている。

- ☑ **パート・有期労働者の処遇を決める際に、「非正規だから待遇は低くてかまわない」と考えていないか**
  ⇒パート・有期労働法の趣旨や均等・均衡規定に反する。

- ☑ **パート・有期労働者の処遇は、業務内容、責任の程度、人材活用の仕組みなどに基づいて検討しているか**
  ⇒パート・有期労働法は、パート・有期労働者の処遇は、職務内容（業務内容と責任の程度）、人材活用の仕組み、その他の事情を考慮して、定めることを求めている。

- ☑ **パート・有期労働者について、労働基準法、労働安全法等を順守するとともに、社会・労働保険について、それぞれの要件に該当する人を加入者としているか**
  ⇒パート・有期労働者は、労働関係法令や社会労働保険制度の適用を受ける者である。

- ☑ **正規・非正規を通じた適切な処遇の確保のために、職務、責任の範囲の明確化に努めているか**
  ⇒同一労働同一賃金の実現のためには、正規雇用を含めて、職務や責任の範囲の明確化が必要である。

非正規労働者の処遇見直し

- ☑ 同一労働同一賃金の実現に向けた処遇の見直しは、非正規

の引き上げを基本として検討しているか
⇒働き方改革は非正規雇用の待遇改善を目指す政策であるとともに、労働条件の引き下げは労働者の同意があるなど一定の要件に該当する場合に限られる。

- [x] **非正規の処遇を低く抑えるために、低処遇の正規雇用の区分を創設するようなことをしていないか**
⇒均等・均衡規定の適用を潜脱するものであり、また、他の正規雇用の区分との比較も求められるので、無意味な行為である。

- [x] **同一労働同一賃金の見直しに向けた検討は、パート・有期労働者を含めて、労使で十分に検討しているか**
⇒パート・有期労働者の納得性が重要であり、検討にあたっては、正規雇用とともに、非正規の声の反映が重要である。

- [x] **検討の結果、非正規の処遇を改善することとなった場合には、就業規則を改正し、労働組合・過半数代表者の意見を添付して、労働基準監督署に届け出ているか**
⇒労働条件を変更する場合には、就業規則の変更手続きが必要である。
なお、パート・有期労働法は、パート・有期労働者に関わる就業規則の改定に際しては、パート・有期労働者の過半数を代表する者からの意見聴取に努めることとしている。

正社員と同視しうるパート・有期労働者

- [x] **雇用しているパート・有期労働者の中に、業務内容、責任の程度、人材活用の仕組みなどが正規労働者と同一である者がいるか確認しているか**
⇒正社員と同視しうる者は、適用される条文が異なるので

確認が必須である。
- [ ] **正規雇用と同視しうる者に対しては、すべての待遇について、正規雇用と同一の処遇をしているか**
  ⇒正社員と同視しうる者は、すべての待遇に関して、正社員と同等としなければならない。

正社員と同視しうる労働者以外のパート・有期労働者

- [ ] **正社員と同視しうる者に当たらない人に関して、すべての待遇について、個別の待遇ごとに、正社員との均等・均衡の観点から検討しているか**
  ⇒正社員と同視しうる者に該当しない人については、個別の待遇ごとに判断することになる。

基本給

- [ ] **職務給の場合、同じ職務、同じ責任の程度である非正規に対して、正規に対してと同じ支給としているか**
  ⇒賃金について、業務内容・責任の程度のみで決める職務給である場合には、正規・非正規を問わず、同じ適用とする必要がある。
- [ ] **職能給、業績給、勤続給の場合、職務能力、業績、勤続などに応じて、正規と非正規が同じであれば同じ賃金、違いがあれば違いに応じた賃金としているか**
  ⇒職能給などの場合には、それぞれ、要件に応じて、均等・均衡が求められる。
- [ ] **定年退職者の再雇用の場合、職務内容等が同じであれば、定年前の処遇と比較して、再雇用であることなどを考慮したうえで、均衡が確保されているか**
  ⇒再雇用で非正規になった場合、定年退職したことなどを考慮要素とすることはできるが、均衡規定の適用はある。定年退職者だから、どんな処遇でもいいということではない。

昇給

☑ **非正規に昇給制度があるか**
⇒正規に職務能力の向上に応じた昇給制度がある場合、非正規に対しても昇給制度が必要である。

賞与

☑ **賞与を非正規にも支給しているか**
⇒企業の業績への貢献に応じて賞与を支給する場合には、非正規に対しても業績への貢献に応じた賞与の支払いが必要である。非正規は業績に貢献していないと一律に扱うことは許されない。

☑ **非正規に対する賞与は、業績への貢献など、賞与の趣旨や支給基準を踏まえたうえで、正社員と均衡がとれているか**
⇒賞与の趣旨・支給基準は企業によってさまざまなので、労使で賞与の趣旨などを十分に共有したうえで、均衡のとれた支給が求められる。

手当

☑ **役職手当は、同じ役職で同じ責任の場合は、非正規に対しても同じに支払っているか**
また、責任の範囲が違う場合は、違いに応じた手当を払っているか
⇒非正規の役職への登用は、非正規の活躍のために推進すべきだが、役職に就けて、役職に伴う業務・責任を負わせるのであれば、正規と同等の役職手当支給が必要である。
⇒非正規の店長などの業務内容、責任の程度が軽減されているのであれば、あらかじめ明確にしたうえで、その違いに応じた役職手当とすることができる。

☑ **特殊作業手当、特殊勤務手当など職務に関する手当は、同じ勤務をする非正規に対しても同じに支払っているか**

チェックリスト ❻

⇒同じ作業、同じ勤務に就く場合には支給が必要である。
- [x] **時間外・休日・深夜手当は、非正規に対しても同じに支払っているか**
    ⇒正規の所定労働時間までは各事業場における定めでよいが、それを超える部分は同じ支給が必要。
- [x] **通勤手当は、非正規に対しても同じに支払っているか**
    ⇒同じ支給が必要。
- [x] **食事手当は、非正規に対しても同じに支払っているか**
    ⇒勤務時間帯に食事時間が含まれるのであれば、同じ支給が必要。
- [x] **退職金、家族手当などは、事業場における趣旨などを踏まえて、非正規を含めた労使で、支給対象などを十分検討しているか**
    ⇒均等・均衡規定の適用はあるので、納得性のある対応が必要。

休暇

- [x] **年休は、法律に基づき、勤務日数が少ない非正規には、比例付与しているか**
    ⇒パート・有期労働者にも労働基準法の適用がある。勤務日数が同じであれば同じ年休の付与、勤務日数が少ない場合は比例付与となる。
- [x] **法定外の休暇については、勤続年数などの要件に応じて、非正規に対しても付与しているか**
    ⇒リフレッシュ休暇などは、勤続年数などの要件に該当する場合には同じ休暇の付与が必要。
- [x] **慶弔休暇は、非正規にも認めているか**
    ⇒勤務日数が少なく振替で対応できる場合を除き、付与が必要。
- [x] **病気休暇は、非正規にも認めているか**
    ⇒病気休暇は、正規と同じ期間、有期の場合は契約期間終了まで、付与が必要。

福利厚生

- [x] **非正規に食堂を利用させているか**
  ⇒正規と同じように利用させることが必要。
- [x] **非正規に休憩室を利用させているか**
  ⇒正規と同じように利用させることが必要。
- [x] **非正規に更衣室を利用させているか**
  ⇒正規と同じように利用させることが必要。

教育訓練

- [x] **現に従事している職務に必要な教育訓練は、非正規に対しても実施しているか**
  ⇒現に従事している業務に必要な教育訓練は、同じに実施しなければならない。
- [x] **労働者の資質向上のための教育訓練について、非正規にも受講の機会を与えるよう努力しているか**
  ⇒パート・有期労働法に努力義務が規定されている。

安全衛生

- [x] **安全衛生確保のための措置は、正規・非正規を問わず、同等の対応をしているか**
  ⇒正規・非正規を問わず、同じ対応をしなければならない。
- [x] **健康診断、ストレスチェックなどは、勤務時間が半分以下の者を除き、同等に実施しているか**
  ⇒勤務時間が4分の3以上なら義務、2分の1以上なら努力義務である。

労働条件などの明示・説明

- [x] **パート・有期労働者の雇い入れに際して、労働基準法、パート・有期労働法に定められた事項について、書面で明示しているか**
  ⇒労働基準法によって、契約期間、契約更新の基準、勤務

チェックリスト ❻

  場所、仕事の内容、始業・終業時刻、残業の有無、休憩・休日・休暇、賃金、退職に関することについて義務付け。
 ⇒パート・有期労働法によって、昇給の有無、退職手当の有無、賞与の有無、相談窓口について義務付け。

- ☑ **パート・有期労働者の雇い入れに際して、パート・有期労働法に定められている、賃金の決定方法など待遇内容に関する説明をしているか**
  ⇒説明が義務付けられているのは、均等・均衡確保に関すること、賃金の決定方法、教育訓練の実施、福利厚生施設の利用、正社員転換の措置である。
- ☑ **パート・有期労働者から申し出があった場合、待遇決定に際して考慮した事項を説明しているか**
  ⇒賃金決定にあたり考慮した事項、教育訓練が受けられ・受けられない理由、福利厚生施設が利用でき・利用できない理由など説明すること。
- ☑ **この申し出をした労働者を不利益に取り扱っていないか**
  ⇒不利益取り扱いは禁止されている。
- ☑ **パート・有期労働者から申し出があった場合に、同じないし類似の職務に従事している正社員の待遇、非正規との待遇差、待遇差の理由を説明しているか**
  ⇒待遇差に関しては客観的な理由を説明しなければならない。
- ☑ **この申し出をした労働者を不利益に取り扱っていないか**
  ⇒不利益取り扱いは禁止されている。
- ☑ **非正規労働者から苦情の申し出があった場合には、その解決に向けた努力をしているか**
  ⇒企業内で解決できない場合には、労働局長による助言・指導、勧告、行政ADR（裁判外紛争解決手続）を利用できる。

第 6 章

新しい「働き方」を実現する

49 賃金の引き上げ

最低賃金の引き上げが図られる

これまで、経済財政諮問会議、一億総活躍会議、働き方改革実現会議などで、安倍晋三総理は賃金の引き上げを要請してきました。経済団体もその必要性は共有し、労使交渉の結果、賃金引き上げが実現しています。

さらに最低賃金法に基づき、地域別、産業別に定められる最低賃金も底上げが図られています。

地域別最低賃金は、毎年、中央最低賃金審議会が改定のための引き上げ額の目安を提示し、都道府県の地方最低賃金審議会は、その目安を参考にしながら地域の実情に応じた改正のための審議を行います。そして、その答申を踏まえて、都道府県労働局長が決定・公示する仕組みとなっています。これは産業や職種にかかわらず適用されます。

経済好循環を実現するための施策

第1次安倍政権以来、民主党政権、第2次安倍政権に至るまで、賃金水準の底上げを図る方針が続いています。現在は、「年率3％程度を目途として、(中略)全国加重平均が1000円となることを目指す」方針となっています。

平成30（2018）年の地域別最低賃金は、最高が東京の985円、最低が鹿児島の761円で、全国加重平均は874円です。

最低賃金の引き上げは、アベノミクスが目指す経済好循環の実現のために重要な施策で、今後も大きな経済状況の変化がない限り、継続するものです。比較的賃金が低い産業において、安い労働力を利用するという考え方ではなく、事業の効率化を図り、生産性を上げて、賃金を上げていくという姿勢が求められています。

賃金の引き上げをどうする

労使交渉による引き上げ
毎年、ベースアップの実施と3％程度の賃金引き上げを期待。

最低賃金
最低賃金は、年率3％程度を目途として引き上げ、全国平均1000円を目指す。

地域別最低賃金の全国加重平均額と引き上げ率の推移

年度（平成）	19	20	21	22	23	24	25	26	27	28	29	30
時間額（円）	687	703	713	730	737	749	764	780	798	823	848	874
対前年度引き上げ額（円）	14	16	10	17	7	12	15	16	18	25	25	26
対前年度（％）	2.08	2.33	1.42	2.38	0.96	1.63	2.00	2.09	2.31	3.13	3.04	3.07

（資料出所）厚生労働省発表資料
（注）1　金額は適用労働者数による全国加重平均である。
　　　2　平成24年、28年の引き上げ額は、全国加重平均の算定に用いる経済センサス等の労働者数の更新による影響分が含まれる。

50 テレワークの普及促進

雇用型テレワークの適切な運用

テレワークには、雇用関係の下、事業場外で働く「雇用型」と、雇用契約はなく、仕事を受託して自宅などで働く「自営型」があります。

平成28（2016）年で雇用型テレワークの導入企業は13.3％、テレワークをする労働者は7.7％。政府は、令和2（2020）年までに、導入企業を34.5％、労働者を15.4％まで高める目標を設定しています。

雇用型テレワークは、全日だけでなく、部分的に導入する方法もあり、企業による積極的な導入、労働者の活用が期待されます。一方、テレワークには、労働時間の管理や仕事の切り分けの難しさ、長時間労働になりやすいなどの問題点が指摘されています。厚生労働省が公表した「情報通信技術を活用した事業場外勤務の適切な導入及び実施のためのガイドライン」を踏まえた適切な運用が必要です。

自営型テレワークの適切な運用

自営型テレワークは、ネットを通じて仕事を仲介するクラウドソーシングが拡大し、働く人が増加しています。自営型は、労働基準法などの労働法制の適用がなく、報酬額、納期などが不明確、契約が一方的に打ち切られるなど、契約をめぐるトラブルが発生しています。

このようなトラブルを防止するため、厚生労働省は「自営型テレワークの適正な実施のためのガイドライン」を公表し、自営型テレワークの注文主と仲介事業者がそれぞれ遵守すべき事項を示しています。

　自営型で働く人は、労働法による保護がないことを認識し、ガイドラインの内容を十分理解して、発注者の対応を確認するなど、トラブルに注意することが重要です。

テレワークの適切な運用のためのガイドライン

雇用型

情報通信技術を活用した事業場外勤務の適切な導入及び実施のためのガイドライン
- 労働者のメリット─通勤時間短縮、時間外労働削減、育児・介護との両立等
- 事業者のメリット─業務効率化、遠隔地の人材、育児・介護による離職防止等
- 労働時間の適正な把握のため、中抜け時間、移動時間等の扱い等
- 長時間労働防止のため、メール送付の抑制、システムアクセス制限等

平成30年2月

自営型

自営型テレワークの適正な実施のためのガイドライン
- 注文者が守るべき事項
　契約条件明示、契約変更・解除の留意事項、報酬支払い、健康確保等
- 仲介事業者が守るべき事項
　募集内容の明示、仲介手数料の明示、個人情報保護、苦情処理、報酬支払等

平成30年2月

51 兼業・副業の普及

大多数の企業が許容していない

　本業がおろそかになる、情報漏えいのリスクがある、競業・利益相反になるなどを理由として、兼業・副業を容認していない企業が現在も多いのが実情です。

　兼業・副業は、労働者にとって、新たなスキル・経験の獲得、やりたいことへの挑戦、起業・転職の準備、所得の増加などのメリットがあります。企業にとっては、従業員が社外で知識・スキルを獲得、従業員の自律性・自主性促進、優秀な人材の流出防止などのメリットがあります。

　社会全体としても、兼業・副業が、オープンイノベーションや起業の手段として有効であるなど、将来に向けて、労働者の希望に応じて広く兼業・副業を行える環境を整えることが必要です。

　裁判例では、企業が兼業・副業を制限できるのは、労務提供上の支障になる、企業秘密が漏えいするなどの理由がある場合に限られ、一律禁止はできないとしています。

副業推進の課題と対応

　一方で、兼業・副業は、就業時間が長くなる、企業が労働時間や健康状態を把握しにくい、社会・労働保険の適用が兼業・副業を前提にしていないなどの問題があります。

　そこで厚生労働省は、兼業・副業の促進と課題への対応

のために、「副業・兼業の促進に関するガイドライン」を公表しています。

　企業は、副業・兼業の意義を理解して就業規則を見直し、認める方向での検討が望まれます。その際には、副業・兼業する労働者の健康確保など適切な管理が行われるよう、労働時間や健康状態の把握をすることが必要です。

兼業・副業の普及促進

- 副業を希望する人は年々増加しているが、実際に行っている人は減少傾向。
- 副業を認めていない企業が85.3％と大多数。
- 裁判例では、労働時間以外の時間は基本的には労働者の自由であり、企業が副業を制限できるのは、特段の理由がある場合に限るとしている。
　　＊労務提供に支障、企業秘密漏洩、信頼関係破壊、競業関係など

副業・兼業の促進に関するガイドライン
- **労働者のメリット**　スキル・経験、自己実現、収入増加、起業・転職準備
- **事業者のメリット**　労働者の自律性、人材確保・流出防止、社外の知識・人脈
- **一律許可制 ➡**　原則認容することとし、申請・届出制
　　＊労務提供に支障ないか、企業秘密漏洩ないか等の確認
　　＊労働時間、健康状態の確認
- 労働者は、各企業のルールを確認、企業とのコミュニケーション、本業と副業の業務量、労働時間、健康状態の自己管理
　　＊始業・終業時刻、勤務時間、健康診断等を記録するツールの活用

平成30年1月策定

留意事項
労働基準法の労働時間規制を潜脱するような形態、合理的な理由なく労働条件を不利益に変更するような形態は認められない。

52 女性の活躍促進

▶ 現在も残る男女の格差

　平成29（2017）年の女性の労働力人口は2937万人、総労働力人口に占める割合は43.7％。潜在的な就業希望者は262万人です。年齢階級別の労働力率は、次第に底が浅くなっているものの、依然30代あたりが低くなるM字型カーブを描きます。女性の管理職も、長期的には上昇しているものの、女性の部長級がいる企業は約16％、課長級がいる企業は約30％など、依然として少ないのが実情です。

　また、男女間の賃金格差は、長期的には縮小傾向にありますが、平成29年において、正社員について男性を100とした場合に、75.7にとどまります。

▶ いかなる差別も法律で禁止

　男女の雇用機会に関して、男女雇用機会均等法において、雇用の各ステージにおいて、性別を理由とする差別を禁止しています。募集、採用、配置、昇進、教育訓練、福利厚生、職種・雇用形態の変更、退職・解雇など、すべてについて性別を理由として差別してはなりません。

　また、募集・採用における身長・体重・体力要件、昇進などにおける転勤要件などは、間接差別として、禁止されています。賃金については、労働基準法で、罰則付きで、性別による差別を禁止しています。

女性の活躍促進

- 女性のM字型カーブは、底が浅くなっているが、なお存在している。
- 女性管理職を有する企業割合は依然として低い。

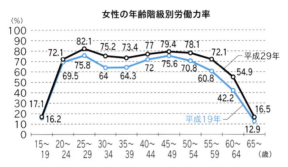

女性の年齢階級別労働力率

（資料出所）総務省「労働力調査」

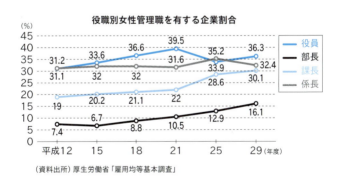

役職別女性管理職を有する企業割合

（資料出所）厚生労働省「雇用均等基本調査」

男女雇用機会均等法に関する労使間の紛争については、企業内における苦情の自主的解決、労働局長による助言・指導・勧告、機会均等調停会議による調停などがあります。

▶ 女性活躍推進法による行動計画策定の義務

また、職業生活における女性の活躍を推進するため、平成27（2015）年に女性活躍推進法が制定され、平成28年度から、規模301人以上の企業に事業主行動計画の策定が義務付けられました。規模300人未満の会社でも、努力義務になっています。

事業者は、まず自社の女性活躍の状況を把握し、課題を分析しなければなりません。女性の採用比率、勤続年数の男女差、労働時間の状況、女性の管理職比率などです。

それを踏まえて、定量的目標を設定し、取り組み内容、実施時期、計画期間などを定めた、事業主行動計画を策定し、都道府県労働局に届け出るとともに、公表しなければなりません。

それとともに、女性の職業選択に役立つように、女性の採用比率、勤続年数の男女差、労働者1人当たりの時間外・休日労働時間数、有給休暇取得率、女性管理職比率などのうち、少なくとも1項目を公表しなければなりません。

▶ 女性活躍推進法の強化

女性活躍推進法に関して、働き方改革実現計画において、情報公表制度の強化策を検討することとなっていました。

労働政策審議会はこれを受けて検討し、平成30年12月、

事業主行動計画及び情報公表制度の義務を規模101人以上の企業に拡大すること、情報公表は、職業生活に関する機会の提供に関する項目と職業生活と家庭生活の両立に関する項目について、それぞれ少なくとも1項目を公表することとすべきという建議を取りまとめました。これを踏まえた法改正が予定されています。

　また、女性の活躍推進に関する取り組みの実施状況などが優良な事業主は、厚生労働大臣による認定（えるぼし認定）を受けることができます。この認定を受けた企業は、えるぼしマークを活用できることになっています。

女性の活躍促進法

● 行動計画の策定・届出

301人以上は義務、それ以下は努力義務 101人以上義務化

● 女性の活躍に関する情報公表

任意の1項目以上 情報公表制度の強化

53 子育て・介護と仕事の両立

▶ 出産・育児、介護で離職する人

　出産・育児を理由に離職した人は、過去5年間で、102万5000人もいました。

　このうち、およそ5割の女性が、第一子の出産・育児を機に退職しており、その約4分の1が退職理由として「仕事を続けたかったが、仕事と育児の両立の難しさでやめた」と回答しています。

　育児休業の取得状況は、女性は83.2%ですが、男性は5.1%にすぎません。いわゆる「ワンオペ育児」が女性活躍の阻害要因、少子化の原因となっています。

　介護・看護を理由に離職した人は、年間約10万人で、女性が約80%を占めています。

　介護休業制度に関する規定を整備している企業は約3分の2ありますが、介護をしている労働者のうち、介護休業を利用した人は3.2%、介護休暇を利用した人は2%です。

▶ 育児のための休業・休暇

　育児・介護休業法は、育児・介護中の労働者に対して休業、休暇、時間外労働制限、所定労働時間短縮などの措置を講ずることを、事業者に義務付けています。

　そして、平成28（2016）年の育児・介護休業法の改正によって、育児・介護中の労働者が、より諸制度を利用し

やすくする改正が行われました。

育児休業は、男女を問わず、原則として、満1歳未満の子を育てる労働者が請求した場合に取得させなければなりません。

配偶者も取得した場合には、満1歳2カ月まで取得できます（パパ・ママ育休プラス）。また、保育園に入れない場合などには、最長満2歳まで延長できます。

看護休暇は、小学校就学までの子を育てる労働者が、1年に5日（子が2人以上の場合は10日）まで、子の看護、予防接種などのために取得できます。

▶ 介護のための休業・休暇

介護休業は、要介護状態にある家族を介護している労働者が請求した場合に、家族1人当たり3回、通算93日まで取得させなければなりません。

介護休暇は、要介護状態にある家族を介護している労働者が、1年に5日（対象家族が2人以上の場合は10日）まで、介護などの世話をするために取得できます。

▶ 労働時間の短縮

上記で説明した休業・休暇のほか、日々の労働時間についても、3歳未満の子を育てる労働者、さらには要介護状態にある家族を介護している労働者からの請求があれば、事業者は所定労働時間を超えて働かせることはできず、あるいは、所定労働時間を短縮しなければなりません。

さらに、小学校就学までの子を育てる労働者、要介護状

態にある家族を介護している労働者が請求した場合、月24時間・年150時間を超える時間外労働や深夜労働をさせることはできません。

これらの休業、休暇、時間外労働の制限などを請求したことを理由とする不利益取り扱いは禁止されています。

▶ 企業が制度の活用を働きかける

法制度の概要は以上ですが、こうした制度の利用を促進させるために法改正が行われ、政府も啓発指導を行っています。

こうしたことからも明らかなように、少子化を防ぎ、介護離職をなくすためには、企業も対象となる労働者に、育児・介護休業法にともなう制度の活用を働きかけることが望まれます。

▶ 次世代育成支援対策法に基づく取り組み

なお、育児と仕事の両立については、事業者の積極的・計画的な取り組みを促すため、次世代育成支援対策法が制定されています。

この法律は、規模101人以上の企業に一般事業主行動計画の策定を義務付け、それ以下の企業は努力義務としています。

行動計画では、仕事と子育ての両立のため、自社の現状や労働者のニーズを踏まえて目標を定め、具体的な対応を記載します。計画は、労働局長への届け出が必要となります。

行動計画の目標を達成するなど、一定の要件に該当する

企業は、厚生労働大臣による認定（くるみん認定、プラチナくるみん認定）を受けることができます。そして認定企業は、くるみんマークを活用することができます。

子育て・介護と仕事の両立

- **出産・育児を理由に離職した人は、過去5年間で、102万5000人。**
  *育児休業取得状況は、女性は83.2%であるが、男性は5.1%にすぎない。
- **介護・看護を理由に離職した人は、年間約10万人。そのうち、女性が約80%。**
  *介護休暇制度は、70.9%の事業所で規定があるが、利用があったのは2.0%。

出産育児関係の改正
- 育児休業期間について、保育園等に入れない場合などには、最長2歳まで延長。
- 妊娠・出産した労働者・配偶者に育児休業制度等の個別周知の努力義務。
- 小学校就学までの間における育児目的休暇制度を設ける努力義務。
- 有期雇用労働者の育児休業取得要件の緩和。
- 子供の看護休暇について、半日単位の取得を可能とする。
- 育児休業の対象に特別養子縁組の監護期間中の子などを追加。
- マタハラ・パタハラなどの防止措置を講ずることを義務付け。

平成29年1月または10月施行

介護関係の改正
- 介護休業について、3回まで、分割取得を可能とする。
- 介護休暇について、半日単位の取得を可能とする。
- 介護のための所定労働時間短縮等は、介護休業と別枠とする。
- 介護のための残業免除措置を新設。

平成29年1月施行

54 ハラスメント防止

▶ セクハラ・マタハラを許さない

　平成29(2017)年度の個別紛争解決制度において、職場におけるいじめ・いやがらせは、相談件数が7万2067件、助言・指導の申し出が2249件となっています。

　職場のいじめやいやがらせのうち、セクシャルハラスメント（セクハラ）、マタニティハラスメント（マタハラ）については、男女雇用機会均等法に事業者が雇用管理上必要な措置を講ずる義務が規定され、指針が策定されています。

　セクハラは、職場で労働者の意に反する言動が行われ、それを拒否して不利益を受けること（対価型）、職場の環境が不快となり就業上の支障が生じること（環境型）です。

　マタハラは、妊娠・出産に関する制度利用に対する、また妊娠、出産などの状態に対する、上司・同僚からのいやがらせです。なお妊娠、出産などを理由に事業者が不利益な取り扱いをすることは法律で禁止されています。

　事業者は、セクハラ・マタハラを許さない方針を明確にして周知・啓発、相談・苦情対応の窓口設置、事案が生じた場合に迅速かつ適切な対応、相談者・行為者のプライバシーの保護に必要な措置などを講じなければなりません。

▶ パワハラを防ぐ法改正

　パワハラとは、優越的な関係に基づき、業務上必要かつ

相当な範囲を超えた言動で労働者の就業環境を害すること（身体もしくは精神に苦痛を与えること）です。身体的・精神的攻撃、人間関係からの切り離し、過大・過小な要求、個の侵害などの類型があります。

　働き方改革実行計画において、パワハラ防止の強化の検討を行うことになっていましたが、労働政策審議会から、平成30（2018）年12月、セクハラ・マタハラ同様の事業者の措置義務を設けるべきとの提言が行われました。これを踏まえた法改正が予定されています。

ハラスメント防止

セクハラ
　労働者の意に反する言動が行われ、
　　それを拒否したため不利益を受ける
　　（対価型）
　　職場環境が不快となり就業上の支障
　　（環境型）

マタハラ
　妊娠・出産等の制度利用に対する嫌がらせ
　妊娠・出産等の状態に対する嫌がらせ

事業者の講ずべき措置
- 事業者の方針の明確化
- 苦情・相談窓口
- 迅速・適切な対応
- プライバシー保護

パワハラ
　優越的関係に基づく、
　業務上必要かつ相当な範囲を超えた言動
　　⇒　労働者の就業環境を害する
　身体的攻撃　精神的攻撃　人間関係から切り離し
　過大な要求　過小な要求　個の侵害

事業者の講ずべき措置

法改正予定

55 若者の活躍促進

若者雇用促進法

　最近の新規学卒者の就職状況は好調ですが、就職者のうち、高卒では、1年以内に約2割、3年以内に約4割が離職しています。大卒では、1年以内に約1割、3年以内に約3割が離職しています。

　一方、いわゆる就職氷河期に学校を卒業し、正社員になれず、非正規で働き、そのまま年長フリーターになった人が存在します。

　このような状況を受けて、平成27（2015）年に、若者の適切な職業選択の支援、職業能力開発・向上などを定めた若者雇用促進法が制定されました。同法では、事業者の責務として、労働条件の明示の遵守、採用内定取り消し防止、新規学卒者への雇用情報の提供、新卒者採用において既卒者の応募を認めること、職場定着促進などを定めています。

　そして、事業者などが講ずべき措置について、「青少年の雇用機会の確保及び職場への定着に関して事業主、職業紹介事業者等その他の関係者が適切に対処するための指針」（若者雇用指針）が策定されています。

企業が検討すべき若者の採用・育成

　働き方改革実行計画で、通年採用・秋季採用や地域限定採用の普及を図るとしたことを受けて、平成30年3月、若

者雇用指針が改正され、事業者はこれらについて積極的に検討すべきということになりました。

　若者の採用・育成に積極的で、雇用管理の状況などが優良な中小企業は厚生労働大臣の認定（ユースエール認定）を受けることができます。認定企業は、ユースエールマークを活用できます。

若者の活躍促進

- **新規学卒者の早期離職率は依然として高い。**
  - 高卒　1年以内　17.1%　3年以内　39.3%
  - 大卒　1年以内　11.5%　3年以内　31.8%
- **就職氷河期に正社員となれなかった、年長フリーターが存在する。**
  - 不本意非正規273万人のうち、35～44歳が51万人、45～54歳が60万人。

若者雇用指針改正

- 通年採用・秋季採用など個々の事情に配慮した柔軟な対応を積極的に検討する。
- 地域を限定して働ける勤務制度を積極的に検討する。
- 限定採用区分に関して、キャリア展望にかかる情報開示を積極的に行う。

平成29年4月以降順次施行

職業安定法改正

- 労働関係法令違反を繰り返す企業の求人の不受理。
- 紹介事業者に、就職件数、早期離職者数等の情報提供を義務付け。
- 虚偽の求人申し込みに罰則。
- 求人情報サイト等の募集情報の適正化等のための指針策定。
- 求人情報と採用時の条件が異なる場合、契約締結前に労働条件の明示義務。

平成30年3月改正

56 高齢者の就業促進

▶ 働きたい日本の高齢者

　日本の高齢者は欧米諸国と比べるとかなり高い就業率です。「働けるうちはいつまでも」を含めると、70歳以上まで働きたいという人が半数以上います。定年は60歳が79％、65歳が16％。継続雇用制などの雇用確保措置も含め、70歳以上まで働ける制度がある企業は25％です。

　高齢者雇用安定法は、60歳未満の定年制を禁止しています。65歳未満定年の場合、雇用確保措置を義務付け、定年を65歳以上とする、定年を廃止する、希望者全員を65歳以上まで継続雇用する、の3つのいずれかを実施しなければなりません。

▶ 70歳までの就業機会確保に向けて

　働き方改革実行計画は、高齢者の雇用制度の再検討を打ち出しています。これを受けた未来投資会議などは、人生100年時代を迎え、働く意欲がある高齢者が能力を十分に発揮できるよう、高齢者の活躍の場の整備が必要であるとし、65歳までの法制度は現行のままとしつつ、70歳までの就業機会確保を円滑に進めるため、一定のルールの下で各社の自由度がある法制を検討するとの考えを示しています。

　生涯現役・エイジレス社会の実現を目指し、政府は、年齢にかかわりなく働ける制度を導入する企業に対する相談

指導や助成金支給などの施策を講じています。各企業も、高齢者の希望・特性に応じた活躍の選択肢を広げる取り組みを行うことが望まれます。

高齢者の就業促進

年齢階級別就業率
（資料出所）総務省「労働力調査」

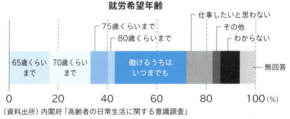

就労希望年齢
（資料出所）内閣府「高齢者の日常生活に関する意識調査」

高齢者雇用安定法
- 60歳未満の定年制の禁止
- 高齢者雇用確保措置
  （65歳未満定年制の場合）
  ○ 定年の引き上げ
  ○ 希望者全員の65歳以上継続雇用制度
  ○ 定年制の廃止

→ エイジレス社会実現のため **制度の再検討**

57 障害者の活躍促進

▶ 法定雇用率の引き上げ

　民間企業に雇用されている障害者は49.6万人で、平成13（2001）年からほぼ倍増しています。企業における実雇用率は2％弱、法定雇用率の達成企業は約5割です。

　ハローワークにおける障害者の職業紹介状況を見ると、年間の求職件数が約20万件、就職件数が9万7814件で、平成19年度に比べ、いずれもほぼ倍増しています。

　障害者雇用促進法に基づく法定雇用率制度と、障害者の差別禁止及び合理的配慮の提供義務があります。

　法定雇用率制度は、昭和35（1960）年に創設され、企業の労働者数に応じて一定割合の障害者の雇用を義務付ける制度です。法定雇用率は適時見直され、平成30年4月から2.2％となっています。現在は、精神障害者を適用対象にした際の経過措置期間中で、3年以内に2.3％に引き上げられることとなっています。法定雇用率に満たない場合には、1人当たり月額5万円を納付しなければなりません（101～200人の企業は月額4万円、100人以下は猶予）。

▶ 差別禁止と合理的配慮の提供義務

　障害者の差別禁止及び合理的配慮の提供義務は、平成28年4月施行の障害者差別解消法制定に合わせて、設けられたものです。同法は、雇用関係に限らず、広範なサービ

ス提供などを対象とする制度です。

　雇用分野に関しては、厚生労働大臣が、障害者差別禁止指針と合理的配慮指針を公表していて、企業はこれらの指針を踏まえて障害者の雇用を進める必要があります。

障害者の活躍促進

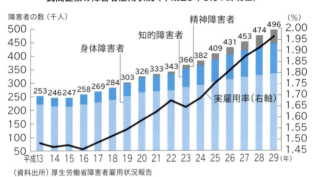

民間企業の障害者雇用状況（平成29年6月1日現在）

（資料出所）厚生労働省障害者雇用状況報告

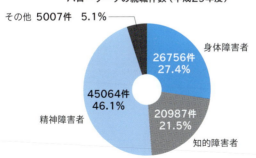

ハローワークの就職件数（平成29年度）

（資料出所）厚生労働省職業安定業務統計

障害者差別禁止指針の概要

基本的考え方

- 障害者であることを理由とする差別（直接差別）を禁止。
  ＊車いす等の支援器具の利用等を理由とする不当な不利益取り扱いを含む
- 障害特性に関する正しい知識の取得や理解を深めることが重要。

差別の禁止

- 募集・採用、賃金、配置、昇進、降格、教育訓練などの各項目ごとに、差別に該当する例を整理。
  例えば、募集・採用では
  - 障害者であることを理由として、募集又は採用の対象から排除すること。
  - 募集又は採用に当たって、障害者に対してのみ不利な条件を付すこと。など
- 次の措置を講ずることは、差別に該当しない。
  - 積極的差別是正措置として、障害者を有利に取り扱うこと。
  - 合理的配慮を提供し、適正に評価した結果、異なる取り扱いを行うこと。
  - 合理的配慮の措置を講ずること。など

合理的配慮指針の概要

基本的な考え方

- 合理的配慮は、個々の事情を有する障害者と事業主との相互理解の中で提供されるべき性質のもの。

合理的配慮の内容

- 合理的配慮の事例として、多くの事業主が対応できると考えられる措置例を記載。
  例えば、募集及び採用では、

○募集内容について、音声等で提供すること。(視覚障害)
　　○面接を筆談等により行うこと。(聴覚・言語障害) など
　採用後では、
　　○机の高さを調節すること等作業を可能にする工夫を行うこと。(肢体不自由)
　　○本人の習熟度に応じて業務量を徐々に増やしていくこと。(知的障害)
　　○出退勤時刻・休暇・休憩に関し、通院・体調に配慮すること。(精神障害ほか)

合理的配慮の手続き

- 募集・採用時は、障害者からの申し出、採用後は、事業主から職場で支障となっている事情の有無を確認する。
- 合理的配慮に関する措置について、事業主と障害者で話し合う。
- 事業主は、合理的配慮に関する措置の内容及び理由を説明する。

過重な負担

- 過重な負担に当たるか否かは、事業活動への影響の程度、実現困難度、費用・負担の程度、企業の規模、企業の財務状況、公的支援の有無を総合的に勘案し個別に判断する。
- 事業主は、過重な負担に当たると判断した場合は、その旨及びその理由を説明する。

相談体制の整備

- 障害者からの相談に適切に対応するために、必要な体制の整備。
- 相談したことを理由とする不利益取り扱いの禁止を定める。

58 転職・再就職支援

日本の転職事情

　企業労働者における転職者の割合は7.9%です。20代前半までは12%を超えますが、35歳を超えると2～3%程度になります。1年間の入職者768万人のうち、転職者は478万人で6割、正社員の転職者は194万人です。転職希望率は若年層は約4割ですが、中高年層は3割に至りません。

　産業構造が激変する現在、転職は、労働者にとっては新卒就職のミスマッチ是正やキャリア形成に、企業には必要な人材の確保に、国全体では労働参加率や生産性の向上につながります。

転職・再就職を促進する指針

　そこで転職が不利にならない労働市場や企業慣行を確立し、円滑な転職・再就職を可能にするため、平成30（2018）年1月、「年齢にかかわりない転職・再就職者の受入れ促進のための指針」が策定されました。

　国は、転職市場の情報の発信、転職者採用の成功事例の紹介、転職者の定着・活躍のポイントの周知などにより、機運の醸成を図ります。また、雇用管理が優良な企業の認定など、職場情報の見える化を促進します。さらに円滑な転職や合理的な処遇決定に向け、企業横断的な労働者の専門性や職務遂行能力の見える化を推進することとされます。

企業は、募集・採用の際、必要とする能力などを明確にし、職場情報を積極的に提供、業種・職種に関わらず発揮される職務能力の適正な評価などが必要とされます。採用後は、外部の賃金相場と自社の賃金水準などを踏まえ、公平・柔軟に転職者を処遇し、社内の人的ネットワークの形成支援など早期定着への支援などが必要とされています。

　すべての労働者が最大限能力を発揮するには、専門性の高い労働者の活躍機会を拡大し、プロフェッショナル人材を育成・活用、労働者の主体的・自律的・継続的なキャリア形成の促進などが必要としています。

年齢にかかわりない転職・再就職者の受入れ促進のための指針

募集・採用
- 職業経験により培われる職務遂行能力の適正評価。
- 元の業種・職種にかかわらない採用。
- 必要とする職業能力の明確化、職業情報等の積極的な提供。
- 必要とする職業能力等を持つ人材の柔軟な採用。

入社後の活躍支援
- 公平かつ柔軟な処遇。
- 早期定着に向けた支援。
- 従業員に求める役割の明確化、職業能力の継続的な把握。

専門性等を持つ従業員の活躍促進
- 専門性の高い従業員の活躍機会の拡大。
- 従業員の主体的・自律的・継続的なキャリア形成の促進。

平成30年1月策定

59 教育訓練・能力評価

教育訓練給付制度

ビジネス環境・就業環境が激変する中、人材育成と最適配置は重要な課題です。一方、企業の人材投資は近年減少傾向にあります。企業が必要な人材を確保し、生産性を向上させるには、計画的なOJTやOFF-JTの実施が重要です。公共訓練の在職者訓練や民間教育訓練機関との連携などによる積極的な取り組みが望まれます。

長期雇用の仕組みが変容しつつあり、労働者の自発的な能力開発が重要になっています。国の施策も、労働者個人の教育訓練給付制度を拡充して支援しています。在職中の労働者が受講する場合、教育訓練休暇や短時間勤務制度など、企業による支援が必要で、積極的な対応が望まれます。

教育訓練給付制度は、在職者や離職者が、主体的に厚生労働大臣指定の教育訓練を受講した場合、受講料の一部を給付するものです。原則は費用の20%ですが、最大70%、年間56万円まで支給されます。子育てで離職し、復職を希望する女性などのリカレント教育での活用も期待されます。

能力評価制度の整備も必要

人材育成が効果的に行われるには、能力評価制度の整備も必要です。公的な制度として、技能検定があり、現在130職種で実施されています。また、業界横断的な評価制

度の普及が進められているほか、各企業についても社内検定制度の充実が推奨されています。

労働者の職業生活設計を踏まえ、職業生涯を通じた能力開発を進めていくには、キャリアコンサルティングの実施、ジョブカードの活用なども効果的です。

職業能力開発法は、事業者の責務として、労働者に必要な職業訓練を行い、労働者が容易に職業能力の開発と向上に取り組むのを援助するよう努めることと規定しています。企業の積極的な取り組みが求められます。

教育訓練・能力評価

企業

- 職業能力開発計画
- 計画的OJT／OFF-JT
- 教育訓練休暇等 — 支援
- 技能検定等の活用／社内検定の実施

関連事項（企業側）：
- 公共訓練の活用
- 認定訓練
- キャリア形成助成金等

労働者

- キャリアデザイン（職業生活設計）
- 主体的能力開発／大学・専門学校／通信教育
- 能力評価／技能検定・各種検定

関連事項（労働者側）：
- キャリアコンサルティング
- ジョブカード
- 教育訓練給付

企業横断的な能力評価システムの構築

60 外国人材の受け入れ

▶ 130万人の外国人が働いている

 日本で働く外国人労働者は近年増加し、平成29（2017）年は128万人でした。日本で働ける在留資格は、大きく5つのカテゴリーがあります。就労目的の、いわゆる「専門・技術的分野」には、技術、人文知識・国際業務、医療、介護、教育、外国料理の調理といった技能などがあり、約24万人です。身分に基づく在留資格により活動に制約がないため、働ける人は約46万人で、「定住者（日系人が多い）」「永住者」「日本人の配偶者」などが、これにあたります。

 そのほか、雇用関係の下での技能実習が約26万人、留学生などの資格外活動が約30万人、EPA（経済連携協定）による看護師・介護福祉士候補、ワーキングホリデーなどの特定活動が約2.6万人となっています。

 外国人が多数働いている産業は、製造業38.6万人、卸・小売業16.6万人、宿泊・飲食業15.8万人などです。派遣・請負形態で働いている人が27.3万人います。

▶ 在留資格の範囲外で働かせると違法

「骨太の方針2018」は、専門性・技能があり、即戦力となる外国人材に関して、就労目的の新たな在留資格を創設する方針を示しました。国会で入国管理法等改正法が成立

外国人材の受け入れ

在留資格別外国人労働者数の推移

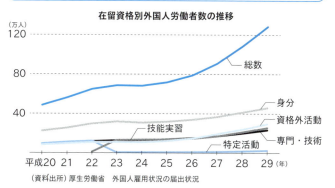

(資料出所) 厚生労働省　外国人雇用状況の届出状況

産業別外国人労働者数 (平成29年)

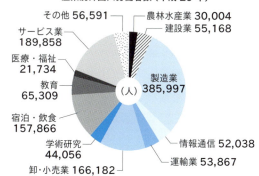

その他 56,591
サービス業 189,858
医療・福祉 21,734
教育 65,309
宿泊・飲食 157,866
学術研究 44,056
卸・小売業 166,182
農林水産業 30,004
建設業 55,168
製造業 385,997
情報通信 52,038
運輸業 53,867

(資料出所) 厚生労働省　外国人雇用状況の届出状況

| 骨太2018
新たな在留資格を創設する方針 | → | 出入国管理法等の改正
平成31年4月から、新たな在留資格「特定技能」を創設 (14分野) |

し、平成31年4月から、不足する人材の確保を図る必要がある分野において、一定の技能と日本語能力のある外国人に対して、「特定技能」という在留資格が創設されました。

　身分に基づくもの以外の在留資格は、職種など、資格で認められる範囲で働くことができます。また、留学生は週28時間以内、技能実習は技能習得に資する業務に従事するなどの制約があります。在留資格外で働かせると、不法就労助長罪の適用があるので、注意が必要です。

▶ 外国人雇用状況届出の提出義務

　外国人労働者にも、日本人同様に、すべての労働関係法規が適用され、社会・労働保険にも加入しなければなりません。特に労働基準法は、国籍によって、労働条件について差別的取り扱いをしてはならないと規定しており、外国人だからといって賃金を低くすることなどは許されません。

　一方、日本語が話せない、日本の生活に慣れていないなど、事業者の支援が必要な場合も多く、職場におけるコミュニケーションは、円滑な仕事のみならず、安全確保のためにも重要です。

　このため労働政策推進法において、外国人労働者を雇用した場合には外国人雇用状況届出をハローワークに提出することを義務付け、外国人労働者の適切な雇用管理に資するよう、外国人労働者の雇用管理の改善等に関して事業主が適切に対処するための指針を策定しています。

　外国人労働者を雇用する場合には、これらの法律、指針などを踏まえた、適切な対応が必要です。

日経文庫案内

〈A〉経済・金融

No.	タイトル	著者
1	経済指標の読み方(上)	日本経済新聞社
2	経済指標の読み方(下)	日本経済新聞社
3	貿易の知識	小峰・村田
5	外国為替の実務	三菱UFJリサーチ&コンサルティング
6	貿易為替用語辞典	東京リサーチインターナショナル
7	外国為替の知識	国際通貨研究所
8	金融用語辞典	深尾光洋
18	リースの知識	宮内義彦
19	株価の見方	日本経済新聞社
21	株式用語辞典	日本経済新聞社
22	債券取引の知識	武内浩二
24	株式公開の知識	加藤・松野
26	EUの知識	藤井良広
32	不動産用語辞典	日本不動産研究所
36	環境経済入門	三橋規宏
40	損害保険の知識	玉村勝彦
42	証券投資理論入門	大村・俊野
44	証券化の知識	大橋和彦
45	入門・貿易実務	椿弘次
49	通貨を読む	滝田洋一
52	石油を読む	藤和彦
56	デイトレード入門	廣重勝彦
58	中国を知る	遊川和郎
59	株に強くなる 投資指標の読み方	日経マネー
60	信託の仕組み	井上聡
61	電子マネーがわかる	岡田仁志
62	株式先物入門	廣重勝彦
64	FX取引入門	廣重・平田
65	資源を読む	柴田明夫・丸紅経済研究所
66	PPPの知識	町田裕彦
68	アメリカを知る	実哲也
69	食料を読む	鈴木・木下
70	ETF投資入門	カン・チュンド
71	レアメタル・レアアースがわかる	西脇文男
72	再生可能エネルギーがわかる	西脇文男
73	デリバティブがわかる	可児・雪上
74	金融リスクマネジメント入門	森平爽一郎
75	クレジットの基本	水上宏明
76	世界紛争地図	日本経済新聞社
77	やさしい株式投資	日本経済新聞社
78	金融入門	日本経済新聞社
79	金利を読む	滝田洋一
80	医療・介護問題を読み解く	池上直己
81	経済を見る3つの目	伊藤元重
82	国際金融の世界	佐久間浩司
83	はじめての海外個人投資	廣重勝彦
84	はじめての投資信託	吉井崇裕
85	フィンテック	柏木亮二
86	はじめての確定拠出年金	田村正之
87	銀行激変を読み解く	廉了
88	仮想通貨とブロックチェーン	木ノ内敏久
89	シェアリングエコノミーまるわかり	野口功一
90	日本経済入門	藤井彰夫

〈B〉経営

No.	タイトル	著者
25	在庫管理の実際	平野裕之
28	リース取引の実際	森住祐治
33	人事管理入門	今野浩一郎
41	目標管理の手引	金津健治
42	OJTの実際	寺澤弘忠
53	ISO9000の知識	中條武志
63	クレーム対応の実際	中森・竹内
67	会社分割の進め方	中村・山田
70	製品開発の知識	延岡健太郎
73	ISO14000入門	吉澤正
74	コンプライアンスの知識	髙巖
76	人材マネジメント入門	守島基博
77	チームマネジメント	古川久敬
80	パート・契約・派遣・請負の人材活用	佐藤博樹
82	CSR入門	岡本享二
83	成功するビジネスプラン	伊藤良二
85	はじめてのプロジェクトマネジメント	近藤哲生
86	人事考課の実際	金津健治
87	TQM品質管理入門	山田秀
88	品質管理のための統計手法	永田靖
89	品質管理のためのカイゼン入門	山田秀

日経文庫案内

91 職務・役割主義の人事　長谷川　直　紀
92 バランス・スコアカードの知識
　　　　　　　　　　　　吉　川　武　男
93 経営用語辞典　　　　　武　藤　泰　明
94 技術マネジメント入門
　　　　　　　　　　　　三　澤　一　文
95 メンタルヘルス入門　島　　　　　悟
96 会社合併の進め方　　　玉　井　裕　子
97 購買・調達の実際　　　上　原　　　修
98 中小企業のための事業継承の進め方
　　　　　　　　　　　　松　木　謙一郎
99 提案営業の進め方　　　松　丘　啓　司
100 EDIの知識　　　　流通システム開発センター
102 公益法人の基礎知識　　熊　谷　則　一
103 環境経営入門　　　　　足　達　英一郎
104 職場のワーク・ライフ・バランス
　　　　　　　　　　　　佐　藤　武　石
105 企業審査入門　　　　　久保田　政　純
106 ブルー・オーシャン戦略を読む
　　　　　　　　　　　　安　部　義　彦
107 パワーハラスメント　岡田・稲尾
108 スマートグリッドがわかる
　　　　　　　　　　　　本　橋　恵　一
109 BCP〈事業継続計画〉入門
　　　　　　　　　　　　緒　方・石　丸
110 ビッグデータ・ビジネス
　　　　　　　　　　　　鈴　木　良　介
111 企業戦略を考える　　　淺羽・須藤
112 職場のメンタルヘルス入門
　　　　　　　　　　　　難　波　克　行
113 組織を強くする人材活用戦略
　　　　　　　　　　　　太　田　　　肇
114 ざっくりわかる企業経営のしくみ
　　　　　　　　　　　　遠　藤　　　功
115 マネジャーのための人材育成スキル
　　　　　　　　　　　　大久保　幸　夫
116 会社を強くする人材育成戦略
　　　　　　　　　　　　大久保　幸　夫
117 女性が活躍する会社　大久保・石原
118 新卒採用の実務　　　　岡　崎　仁　美
119 IRの成功戦略　　　　　佐　藤　淑　子
120 これだけは知っておきたいマイナンバーの実務
　　　　　　　　　　　　梅　屋　真一郎
121 コーポレートガバナンス・コード
　　　　　　　　　　　　堀　江　貞　之
122 IoTまるわかり　　　三菱総合研究所
123 成果を生む事業計画のつくり方
　　　　　　　　　　　　平　井・淺　羽
124 AI（人工知能）まるわかり
　　　　　　　　　　　　古明地・長谷
125 「働き方改革」まるわかり
　　　　　　　　　　　　北　岡　大　介
126 LGBTを知る　　　　　森　永　貴　彦
127 M&Aがわかる　　　　知野・岡田
128 「同一労働同一賃金」はやわかり
　　　　　　　　　　　　北　岡　大　介
129 営業デジタル改革　　　角　川　　　淳

〈C〉会計・税務

1 財務諸表の見方　　　日本経済新聞社
2 初級簿記の知識　　　　山浦・大倉
4 会計学入門　　　　　　桜　井　久　勝
12 経営分析の知識　　　　岩　本　　　繁
13 Q&A経営分析の実際
　　　　　　　　　　　　川　口　　　勉
23 原価計算の知識　　　　加登・山本
41 管理会計入門　　　　　加　登　　　豊
48 時価・減損会計の知識
　　　　　　　　　　　　中　島　康　晴
49 Q&Aリースの会計・税務
　　　　　　　　　　　　井　上　雅　彦
50 会社経理入門　　　　　佐　藤　裕　一
51 企業結合会計の知識　　関　根　愛　子
52 退職給付会計の知識　　泉　本　小夜子
53 会計用語辞典　　　　　片山・井上
54 内部統制の知識　　　　町　田　祥　弘
56 減価償却がわかる　　　都・手塚
57 クイズで身につく会社の数字
　　　　　　　　　　　　田　中　靖　浩
58 これだけ財務諸表　　　小　宮　一　慶
59 ビジネススクールで教える経営分析
　　　　　　　　　　　　太　田　康　広
60 Q&A軽減税率はやわかり
　　　　　　　　　　　　日本経済新聞社

ベーシック版

マーケティング入門　　　相　原　　　修
不動産入門　　　　　日本不動産研究所
日本経済入門　　　　　　岡　部　直　明
貿易入門　　　　　　　　久　保　広　正
経営入門　　　　　　　　高　村　寿　一
環境問題入門　　　　　　小林・青木
流通のしくみ　　　　　　井　本　省　吾

日経文庫案内

ビジュアル版

- マーケティングの基本 野口智雄
- 経営の基本 武藤泰明
- 流通の基本 小林隆一
- 経理の基本 片平公男
- 貿易・為替の基本 山田晃久
- 日本経済の基本 小峰隆夫
- 金融の基本 高月昭年
- 品質管理の基本 内田治
- IT活用の基本 内山力
- マネジャーが知っておきたい 経営の常識 内山力
- キャッシュフロー経営の基本 前川・野寺
- 企業価値評価の基本 渡辺茂
- IFRS［国際会計基準］の基本 飯塚・前川・有光
- マーケティング戦略 野口智雄
- 経営分析の基本 佐藤裕一
- 仕事の常識＆マナー 山崎紅
- はじめてのコーチング 市瀬博基
- ロジカル・シンキング 平井・渡部
- 仕事がうまくいく 会話スキル 野口吉昭
- 使える！手帳術 舘神龍彦
- ムダとり 時間術 渥美由喜
- ビジネスに活かす統計入門 内田・兼子・矢野
- ビジネス・フレームワーク 堀公俊
- アイデア発想フレームワーク 堀公俊
- 図でわかる会社法 柴田和史
- 資料作成ハンドブック 清水久三子
- マーケティング・フレームワーク 原尻淳一
- 図でわかる経済学 川越敏司
- 7つの基本で身につく エクセル時短術 一木伸夫
- AI（人工知能） 城塚音也
- ゲーム理論 渡辺隆裕
- 働き方改革 岡崎淳一

岡崎淳一（おかざき・じゅんいち）

昭和32年3月生まれ。昭和55年3月東京大学法学部卒業。同年4月労働省（当時）入省。厚生労働省大臣官房長、職業安定局長、労働基準局長を経て、平成27年10月厚生労働審議官。平成28年9月内閣官房働き方改革実現推進室長代行補に併任。平成29年7月厚生労働省を退官。同年8月厚生労働省働き方改革担当参与に就任（平成30年7月まで）。現在東京海上日動火災保険株式会社顧問。著書に『働き方改革のすべて』（日本経済新聞出版社）。

日経文庫1940

ビジュアル
働き方改革

2019年4月23日　1版1刷

著　者	岡崎　淳一
発行者	金子　豊
発行所	日本経済新聞出版社 https://www.nikkeibook.com/ 東京都千代田区大手町1-3-7　〒100-8066 電話　（03）3270-0251代
印刷・製本	広研印刷
装丁・本文デザイン	尾形 忍（Sparrow Design）
イラスト	加納徳博
DTP	マーリンクレイン

ISBN 978-4-532-11940-9
Ⓒ Junichi Okazaki, 2019

本書の無断複写複製（コピー）は、特定の場合を除き、著作者・出版社の権利侵害になります。

Printed in Japan